E LE PROTEINE DOVE LE PRENDI?

Alle nostre nonne.

A nonna Lucia,
una persona buona che ha speso la vita per la famiglia e per i nipoti. Una cuoca eccezionale, che ci ha insegnato tante cose, soprattutto l'amore per il cibo e quel senso forte di famiglia. È impossibile non pensare a lei senza visualizzare anche la crema al limone che ci preparava a merenda, lo zabaione battuto a mano, le orecchiette fatte in casa con il sugo alla cipolla, i panini con la frittata mangiati in riva al mare, i vincisgrassi della domenica, le patate al rosmarino pronte ogni volta che ci veniva un languirono e i suoi 60 g di pasta: quelli che ti metteva nel piatto solo per sapere se era cotta e se andava bene di sale, poi, dopo un paio di "assaggi", arrivava il "vero" piatto. È impossibile non pensare a lei in ogni nostro gesto in cucina.

A nonna Fiorenza,
una persona dolce, amata da tutti ma con una forza straordinaria. Anche se non l'abbiamo conosciuta, ci ha lasciato un grande insegnamento: credere in noi stesse, come aveva fatto lei negli anni '60 a Francofonte, un paesino della Sicilia. Insieme alla sorella aprì un bellissimo negozio di vestiti, con tanto di dipendenti e sarta: era donna, vedova, giovanissima e aveva due figli.

E LE PROTEINE DOVE LE PRENDI?

Testi: Elisabetta e Federica Pennacchioni
Fotografie: Elisabetta e Federica Pennacchioni, tranne Shutterstock Images (pp. 22, 23, 24, 25, 33, 40, 50) e Stop2 Produzioni (pp. 4, 55, 62)
Illustrazioni: Shutterstock Images, tranne pp. 16-17 (Lisa Amerighi)
Editing: Giorgia Turchetto
Progetto grafico e impaginazione: Lisa Amerighi

Redazione Gribaudo
Via Strà, 167/F
37030 Colognola ai Colli (VR)
redazione@gribaudo.it

Responsabile di produzione: Franco Busti
Responsabile di redazione: Laura Rapelli
Progetto grafico e impaginazione: Lisa Amerighi
Responsabile grafico: Meri Salvadori
Fotolito e prestampa: Federico Cavallon, Fabio Compri
Segreteria di redazione: Emanuela Costantini

FSC www.fsc.org MISTO Carta da fonti gestite in maniera responsabile FSC® C044117

Stampa e confezione:
Arti Grafiche Dial Mondovì (CN), azienda certificata FSC®-COC con codice ICILA-COC-000335

Socio Unico Giangiacomo Feltrinelli Editore srl
Via Andegari, 6 - 20121 Milano
info@gribaudo.it - www.gribaudo.it

Prima edizione: 2021 [9(H)] 978-88-580-3771-3

Elisabetta e Federica Pennacchioni

E LE PROTEINE DOVE LE PRENDI?

CONSIGLI, MENU E RICETTE
PER FARE IL PIENO DI
PROTEINE VEGETALI

GRIBAUDO

SOMMARIO

E LE PROTEINE DOVE LE PRENDI?

Se questa frase ti suona familiare non c'è nulla di strano: è la domanda che viene fatta più spesso a chi sceglie di mangiare vegetale! Ma non ti preoccupare, l'intento del libro che hai tra le mani è proprio dare una risposta a questo interrogativo.

L'idea di questo libro nasce da una conversazione con nostra madre in cui ci chiedeva consigli per iniziare a mangiare "più vegetale".
«Di solito cosa mangi?»
«Un po' di questo, un po' di quello, tanta verdura, tanta frutta...»
«Ok, brava, ma le proteine dove sono?»
«Eh, infatti, proprio questo volevo chiedervi, ma le proteine dove le prendi?»
«Beh, in primis dai legumi, ovviamente»
Ci guarda scioccata e ci dice: «Ma è estate! La zuppa adesso non mi va».

Siamo tornate a casa con la testa piena di ricette, immaginateci come Buba che elenca la sua lista infinita di ricette con i gamberi nel film *Forrest Gump*, ma in versione legumi.
Nella nostra cultura i legumi sono relegati alle "lenticchie di Capodanno" e alla "zuppa di legumi". Quando le persone che vogliono mangiare vegetale scoprono che i legumi andrebbero mangiati praticamente tutti i giorni, è normale e automatico che abbiano paura di trasformarsi in poco tempo in una "lenticchia ambulante".
Ci siamo rese conto che è facile dire "mangia legumi" ma non lo è altrettanto metterli nel piatto quotidianamente.

La zuppa di legumi è sicuramente un piatto molto buono, ma di certo non lo vogliamo mangiare tutti i giorni! E poi, se ci pensiamo, per quanto possa essere goloso, non esiste un piatto che possiamo mangiare tutti i giorni senza stancarci, anche fosse il nostro preferito.
Ma non ti preoccupare, perché il concetto di legumi in una dieta vegetale muta e si trasforma in qualcosa di diverso, sia in **varietà** che in **quantità**.

È mangiare legumi una piadina con hummus e verdure.
È mangiare legumi un burger fatto con le lenticchie.
È mangiare legumi un budino al cioccolato, se fatto con una bevanda di soia. Non storcete il naso, perché la bevanda vegetale che c'è in commercio oggi non ha nulla a che vedere con quella roba puzzolente che vendevano fino a pochi anni fa!
È mangiare legumi la pita con falafel.
È mangiare legumi pane e panelle.
È mangiare legumi una torta salata se fatta con un po' di farina di ceci.
È mangiare legumi un ragù di tempeh.
È mangiare legumi una purea di fave.

In questo libro ti faremo vedere quanto i legumi siano versatili e quanto sia facile declinarli in 1.000 modi diversi! Utilizzandoli in modo originale e molto appetitoso, trasformandoli in creme, usandoli come farina, mettendoli all'interno di burger e torte salate. I legumi ci sono, ma non si sentono!
E questa è proprio la forza di queste ricette: ci consentono di mangiare spesso i legumi, variandoli e abbinandoli a tanti ingredienti, senza mai stancarci.

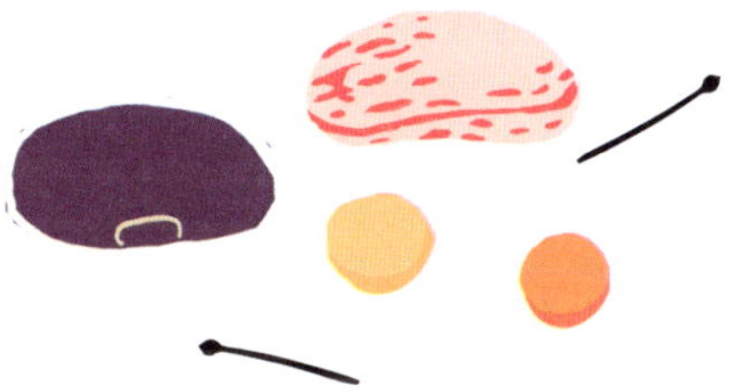

DOVE SONO le proteine?

In una dieta vegetale assumere sufficienti proteine non è affatto un problema, perché il fabbisogno proteico è facilmente raggiungibile, in quanto tutti i cibi ne contengono e concorrono a tale raggiungimento. Gli alimenti, se poco lavorati dall'industria alimentare, sono naturalmente composti di tanti elementi in proporzione variabile: carboidrati, proteine, grassi, vitamine, fibre ecc.
Frutta secca, verdure e cereali contengono più proteine di quanto immaginiamo! Le conoscenze popolari però tendono a semplificare queste composizioni...

• **La carne è considerata esclusivamente fonte di proteine**. Viene inoltre percepita come un alimento nobile, completo, che dà energia e vigore. Un po' come se la forza dell'animale potesse "trasferirsi" a chi ne mangia la sua carne.
INVECE se consideriamo la carne come fonte esclusiva di proteine, potremmo non tenere conto che spesso queste proteine sono accompagnate da una notevole quantità di grassi saturi (soprattutto se consumiamo la carne sotto forma di insaccati).

• **Frutta e verdura sono considerate esclusivamente fonti di fibra, acqua e vitamine**. Essendo poco caloriche, si pensa che anche chi le mangia abbia poca energia e si senta di conseguenza stanco. Poi "si sa" che la verdura "gonfia" e la frutta è "piena di zuccheri" per cui "è meglio non abusarne".
INVECE frutta e verdura sono due elementi imprescindibili di una sana alimentazione e devono assolutamente abbondare nelle nostre tavole, e no: una porzione di insalata al giorno non è sufficiente!

• **La frutta secca è considerata esclusivamente fonte di grassi**, quindi molto calorica; un alimento da cui prendere le dovute distanze per salvaguardare la linea. Ovviamente fanno eccezione le arachidi tostate e salate che servono al bar durante un aperitivo... INVECE la frutta secca è ricca di grassi prevalentemente mono e polinsaturi, fantastici alleati della nostra salute. Inoltre fornisce un bouquet meraviglioso di microelementi come ferro, zinco, calcio, rame, magnesio ecc., è ricca di fibre e rappresenta anch'essa una ottima fonte di proteine.

• **I cereali vengono considerati esclusivamente fonte di carboidrati**, quindi alimenti da consumare con moderazione e da bandire categoricamente in caso di dieta, fatte salve le "deliziose" gallette di riso soffiato al gusto di polistirolo. Come se la sofferenza fosse funzionale alla perdita di peso.
INVECE i carboidrati complessi sono il miglior nutriente che la natura abbia creato per fornirci energia. Non a caso i carboidrati sono l'unico nutriente in grado di spegnere il senso di fame e darci sazietà. Un pasto con sole proteine e verdure fa tornare subito fame. Non stupisce che metà delle calorie che introduciamo dovrebbero essere rappresentate da carboidrati complessi, decisamente meglio se assunti sotto forma di cereali integrali (o poco raffinati): in questo modo facciamo il pieno anche di preziosi micronutrienti! I cereali sono alimenti meravigliosi, che dobbiamo consumare in tutta la varietà che la natura ci offre, quindi non solo grano e riso, ma anche farro, avena, orzo, segale, sorgo, miglio, grano saraceno.

• **I legumi, tra tutti gli alimenti, sono i più sfortunati**, considerati alimenti poco appetitosi, calorici e colpevoli di fastidiosi gonfiori addominali.
INVECE ci forniscono proteine a basso impatto ambientale, ci regalano emozioni in cucina che vale davvero la pena riscoprire, ci saziano, ci nutrono, ci forniscono le fibre, un elemento fondamentale per la nostra salute di cui troppo spesso la nostra alimentazione è carente. Inoltre i gonfiori addominali sono il sintomo più evidente del fatto che la nostra flora batterica intestinale non è abituata a consumare fibra, quindi se capitano ci dobbiamo impegnare a consumare più legumi, magari iniziando con quantità piccole, ma mangiandoli più spesso.

DIETA VEGETALE E PROTEINE: SI TROVANO SOLO NEI LEGUMI?

Nei cibi vegetali le proteine si trovano soprattutto nei semi, perché servono all'embrione come scorta di nutrienti per iniziare a costruire le prime radici e foglie in un momento in cui la pianta non ha ancora attivato tutti i sistemi metabolici per produrre i nutrienti attraverso la fotosintesi. Quindi tutti i semi hanno una scorta di partenza di nutrienti e contengono in proporzioni variabili a seconda della specie carboidrati, proteine e grassi.
E quindi ovviamente i legumi, in quanto semi, sono un'ottima fonte di proteine, tanto che se li consumiamo sotto forma di baccello verde (taccole, fagiolini...) dobbiamo considerarli, a livello nutrizionale, verdura, perché in questo caso non stiamo mangiando il seme.

Cereali

Non stupisce quindi che anche i cereali, in quanto semi, siano ottime fonti di proteine. Non fraintendeteci: non ne possiedono una quantità esagerata, dobbiamo considerarli soprattutto fonte di carboidrati, ma il loro contenuto proteico è notevole e non va sottovalutato.

Facciamo qualche esempio...

- Lo sapevate che il pane bianco ha un contenuto di proteine paragonabile alla ricotta vaccina? Su 100 g di prodotto edibile, il pane ne ha 8,6 g e la ricotta 8,8 grammi.
- Lo sapevate che 100 g di pasta di semola hanno più proteine (10,9 g) dell'albume di 3 uova medie (10,7 g/100 g)?
- Lo sapevate che una porzione di farro da 30 g apporta 4,38 g di proteine e un vasetto di yogurt da 125 g ne apporta 4,1 grammi?

Frutta secca

Altri semi che possiamo mettere sulle nostre tavole sono frutta secca e semi oleosi; parliamo di mandorle, pinoli, arachidi, anacardi, noci, ma anche di semi di papavero, zucca, sesamo...
In media questi alimenti hanno circa 18/20 g di proteine ogni 100 g di prodotto, una quantità paragonabile alla carne.

Per esempio, una porzione di mandorle da 30 g fornisce una quantità di proteine paragonabile a una porzione da 20 g di Parmigiano Reggiano. Oppure, una porzione da 30 g di pinoli, in un pesto al basilico, apporta 9,6 g di proteine, più di quanto facciano 100 g di ricotta vaccina! Le proteine contenute nella frutta secca sono quindi davvero molte, ma attenzione alle quantità, perché trattandosi di alimenti abbastanza calorici, vanno consumati con moderazione, o comunque facendo un po' di attenzione a non esagerare. Non li possiamo mangiare in modalità "pop-corn" davanti alla televisione.

Del resto, anche l'olio di oliva è un concentrato di salute, ma non per questo possiamo esagerare nel consumarlo.

E le verdure?

Le verdure hanno un contenuto di proteine molto limitato, ma anche loro riescono a contribuire al fabbisogno proteico! Di verdura, infatti, ne dovremmo mangiare tanta, quindi anche un piccolo quantitativo di proteine, moltiplicato per tante volte, raggiunge cifre interessanti!

Le verdure inoltre hanno un contenuto calorico bassissimo, quindi, per assurdo, se raggiungessimo il fabbisogno energetico giornaliero solo con le verdure, avremmo di gran lunga superato il fabbisogno proteico della giornata. Ti sembra impossibile? È vero, suona strano, ma è così! Facciamo qualche esempio.

Iniziamo con un'ipotesi che, ovviamente, non è realistica, perché è impossibile (e non consigliabile) assumere 2.000 kcal solo da finocchi e insalata: significherebbe mangiarne svariati chilogrammi!

Per introdurre 2.000 kcal servirebbero 6,5 kg di cavolfiori oppure 4,8 kg di spinaci cotti.

6,5 kg di cavolfiore ci fornirebbero 208 g di proteine, addirittura troppe!

Ci teniamo a ripetere che è un esempio assurdo, però questo dato ci dice una cosa importante, **ovvero che le verdure fanno salire la quota di proteine più di quanto facciano salire quella di calorie**.

Ora, invece, facciamo qualche esempio vero e non assurdo...

Alimenti	g di proteine	kcal
200 g DI POMODORO	2,6	42
200 g DI SPINACI	8	82
200 g DI CAVOLFIORE	6,4	59
totale	**17**	**183** **(9% delle 2.000 kcal previste al giorno)**

Se in una giornata mangio 200 g di cavolfiore, 200 g di spinaci cotti e 200 g di passata di pomodoro, quindi un piatto di pasta al sugo e due contorni, uno a pranzo e uno a cena, assumo ben 17 g di proteine con 183 kcal.

Questo non significa che le verdure sono buone fonti proteiche...
Questo non significa che dobbiamo contare le proteine...
Questo non significa che dobbiamo contare le calorie...

Significa solo che le **verdure** hanno una quantità piccola ma non insignificante di proteine, e che, come tutti gli alimenti, anche loro **concorrono al raggiungimento del fabbisogno proteico**.

Alimenti vegetali	g di proteine / 100 g prodotto edibile
Farina di soia	36,8
Pinoli	31,9
Arachidi tostate	29,0
Germe di frumento (composizione media fra germe di frumento duro e tenero)	28,0
Fave secche sgusciate crude	27,2
Fagioli crudi	23,6
Fagioli cannellini secchi crudi	23,4
Lenticchie secche crude	22,7
Mandorle dolci secche	22,0
Piselli secchi	21,7
Ceci secchi crudi	20,9
Pistacchi	18,1
Farro	15,1
Noci secche	14,3
Crusca di frumento	14,1
Farina di frumento duro	12,9
Farina di frumento integrale	11,9
Farina di segale	11,7
Pasta di semola cruda	10,9
Pangrattato	10,1
Muesli	9,7
Pane tipo 00	8,6
Fiocchi di avena e noci Macadamia	8,0
Riso integrale	7,5
Cioccolato fondente	6,6
Spinaci cotti	6,3
Asparagi cotti	5,1
Pomodori pelati	3,9
Cavolo broccolo verde ramoso crudo	3,4
Broccoletti di rapa	2,9
Lattuga	1,8
Lamponi	1,0

FALSI MITI SULLE PROTEINE VEGETALI

È possibile che, dopo aver letto il capitolo precedente, qualcuno si senta un po' spaesato: "Ma come, le proteine nelle verdure?", "Ma io pensavo che i legumi contenessero soprattutto carboidrati", "Il pane ha le stesse proteine della ricotta?", "Ma che tabelle nutrizionali hanno preso queste?".
Iniziamo rassicurandoti: tutti i dati degli esempi che trovi in questo libro sono stati presi da fonti ufficiali (CREA - Consiglio per la ricerca in agricoltura e l'analisi dell'economia agraria) che potete consultare al sito: https://www.alimentinutrizione.it/sezioni/tabelle-nutrizionali.
Per farti sentire ancora più sicuro, ci teniamo a sfatare qualche falso mito...

PERCEZIONE DEL FABBISOGNO PROTEICO

È normale sentirsi un po' spaesati! Questo succede perché generalmente le persone mangiano alimenti di origine animale e i loro derivati a ogni pasto, raggiungendo un consumo proteico spesso superiore ai livelli raccomandati, spostando così più in alto la percezione della quantità ottimale di proteine da assumere.
È quindi normale percepire come carente di questi nutrienti una dieta che escluda certi alimenti.
Il fabbisogno di proteine in una dieta onnivora è di 0,75 g per chilogrammo di peso corporeo, dato che viene prudenzialmente alzato a un grammo per chilogrammo di peso corporeo nelle diete vegetali.
Quindi il conto è facilissimo: per sapere quanti grammi di proteine mangiare al giorno, basta moltiplicare il proprio peso per 1.

Ti assicuriamo infatti che in una dieta vegetale le proteine non sono un problema e che coprire il fabbisogno è molto facile; inoltre, introdurre nella nostra alimentazione buone quantità di proteine vegetali non può che essere una buona idea. Infatti le fonti vegetali di proteine sono anche ricche di fibra, vitamine, minerali, fitocomposti, antiossidanti, e hanno un basso contenuto di sodio e grassi saturi, di cui invece sono spesso ricche le proteine animali.

E I CARBOIDRATI, POI, NON SONO TROPPI?

Anni di gestione dei vari account social ci hanno donato una sorta di sesto senso per le domande e i dubbi che sorgono alle persone quando si affrontano determinati argomenti.

E quindi, arrivati a questo punto, sappiamo che tra chi legge queste righe c'è qualcuno che sta pensando: "Se guardiamo la tabella nutrizionale, i legumi hanno più carboidrati che proteine: come fanno a essere delle buone fonti proteiche? Ho paura di mangiare troppi carboidrati aumentando il consumo di legumi".

• La risposta è molto semplice: qualsiasi dieta facciamo non dobbiamo mangiare carboidrati e proteine in parti uguali. Le calorie provenienti dai carboidrati devono essere all'incirca il 50-60%, quelle provenienti dalle proteine il 10-20% e quelle provenienti dai grassi il 20-30%, indipendentemente dal tipo di alimentazione che scegliamo. Ora lasciate perdere la calcolatrice, non è necessario mettersi a contare nulla: questi numeri servono solo per dire che dobbiamo mangiare molti più carboidrati che proteine e che, anche questa volta, non è la natura a giocarci contro!

"Sì però se mangio anche la pasta con i legumi, diventano davvero troppi questi carboidrati, no?"

• Effettivamente il nostro occhio, vedendo due fonti di carboidrati, si inganna e ci convince che ce ne siano di più! Ci dispiace deludervi, ma se mangiamo pasta e legumi, i carboidrati del piatto sono leggermente meno di un piatto altrettanto voluminoso di sola pasta.

Cosa crea questa magia? Due principi: il primo è che i legumi saziano (e noi troviamo che questa sia una cosa meravigliosa), il secondo è che i legumi hanno meno carboidrati della pasta! Quindi, per ogni boccone che facciamo di legumi e non di pasta, stiamo mangiando addirittura meno carboidrati.

LE PROTEINE NOBILI... ESISTONO DAVVERO?

Spesso sentiamo dire che le proteine di origine animale sono proteine "nobili", mentre le proteine vegetali sono incomplete. Questa affermazione è falsa se parliamo di proteine vegetali in senso globale. Infatti, le proteine vegetali prese nel loro insieme sono complete perché gli amminoacidi che scarseggiano in un alimento abbondano in un altro. Inoltre, "scarseggiano" non significa che "mancano", ma solo che ce ne sono meno, e visto che tutti mangiamo una varietà di alimenti vegetali – legumi, frutta, verdura, cereali – ciò non rappresenta un problema.
Possiamo paragonare le proteine alle costruzioni fatte con i mattoncini assemblabili: si tratta in entrambi i casi di strutture tridimensionali formate da tanti "pezzetti" uniti tra loro, la cui struttura e funzione dipende da come vengono assemblati i singoli "pezzi" di partenza.
Le proteine sono "costruzioni" di amminoacidi, che nella digestione vengono completamente smontate: gli amminoacidi "sfusi" vengono usati per costruire nuove proteine che servono alle nostre cellule e al nostro corpo per le più svariate funzioni.

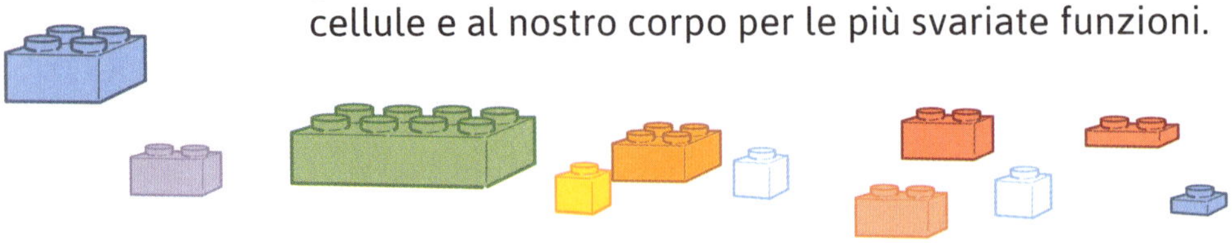

Così come una scatola di mattoncini da costruzione contiene tanti pezzetti diversi – blu, rossi, più grandi, più piccoli – ma in un numero di formati limitato, anche gli amminoacidi esistono in un numero finito: ce ne sono esattamente 20 tipologie.
Quante combinazioni possiamo creare con una scatola di mattoncini? Tantissime!

E la stessa cosa avviene con gli amminoacidi. Il risultato finale, come abbiamo detto, dipende da come vengono assemblati tra loro i pezzi di partenza per formare le proteine.

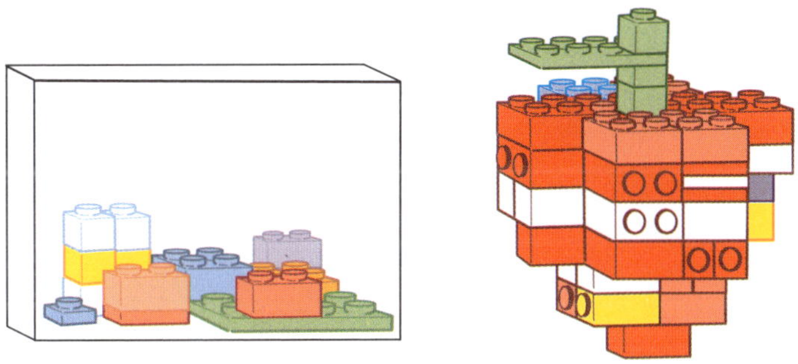

Ogni scatola di mattoncini da costruzione corrisponde, nella nostra metafora, a un alimento.
Sia le scatole di mattoncini, che gli alimenti contengono i "pezzetti", o amminoacidi, in proporzioni variabili. Se, ipoteticamente, acquistassimo sempre ed esclusivamente un'unica tipologia di scatola di mattoncini, avremmo numerosi pezzi di un certo tipo, mentre altri pezzi sarebbero presenti in una quantità limitata.
Per esempio, nella figura qui sotto abbiamo tanti pezzi bianchi da 4, da 6 e da 12, ma pochi pezzi gialli da 2, e questo potrebbe essere un problema se volessimo creare nuove costruzioni, perché se nella nostra costruzione a un certo punto, per esempio, avessimo bisogno di un pezzetto giallo da 2, una volta esauriti questi pezzi, cioè presto, si limiterebbe la possibilità di fare altre costruzioni.

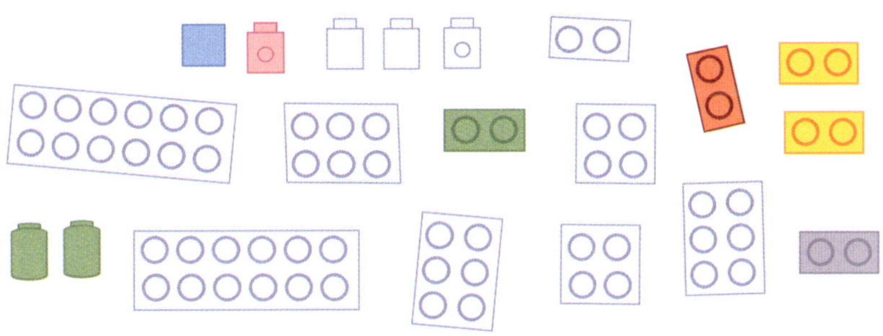

Quindi sì, questo è vero: se ci venisse in mente di mangiare per giorni solo ceci – ma non "solo ceci come unica fonte proteica", intendiamo proprio "solo ceci" – allora, a un certo punto, avremmo una carenza dell'amminoacido metionina, ovvero quello di cui i legumi sono poveri.

Comprando scatole diverse di mattoncini da costruzione, avremmo in ogni scatola una proporzione variabile di pezzi – da 2, da 4, da 6, da 8, da 12, in vari colori –, quindi, nel complesso, acquistando una varietà di scatole diverse e smontandole completamente avremmo a disposizione per le nostre costruzioni tutta la gamma di pezzi esistenti.
Ecco perché ti raccomandiamo di avere una dieta quanto più varia possibile, che includa tutti i gruppi alimentari. Ma la varietà è importante per tutti i nutrienti, non solo per le proteine.

I vegetali, nel loro complesso, contengono tutta la gamma di amminoacidi e ci permettono di costruire tutte le proteine di cui abbiamo bisogno. Non importa il fatto che, se prese singolarmente, "alcune scatole hanno pochi pezzi gialli da 2" o "altre hanno pochi pezzi rossi da 6", perché nel complesso ci forniscono tutto.

COMPLEMENTARITÀ PROTEICA

Sfatiamo un altro falso mito, ovvero quello che dice che gli alimenti vegetali che si completano a vicenda devono essere mangiati nello stesso pasto.
Sicuramente è una buona abitudine mangiare insieme legumi e cereali, perché si completano a vicenda, ma se ciò non è possibile non c'è problema, perché gli amminoacidi rimangono per un certo periodo nel sangue, formando il cosiddetto "pool amminoacidico". L'importante è aver assunto tutti i nutrienti necessari a fine giornata, e ancora più importante è che il bilancio settimanale sia completo.
Quindi, per tornare alla metafora dei mattoncini da costruzione, non è necessario acquistare ogni volta scatole diverse, perché i pezzi che non vengono utilizzati subito rimangono per un po' sul tappeto ad aspettare. Certo, periodicamente la stanza viene riordinata e i pezzi inutilizzati vengono riciclati dal nostro corpo, per ottenere energia, ma non si tratta di un processo istantaneo.

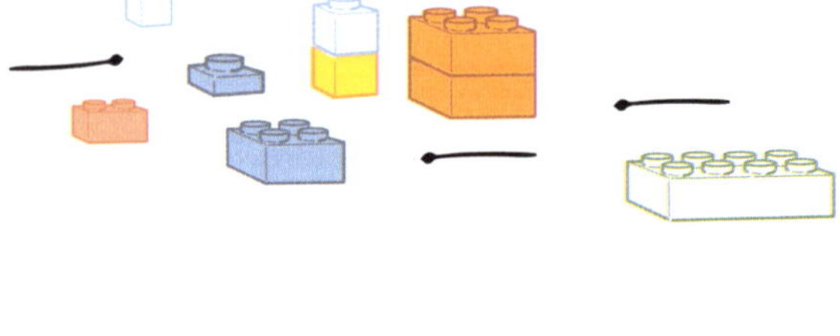

COME BILANCIARE le proteine nella dieta

Come facciamo a essere sicuri di aver mangiato abbastanza proteine nell'arco della giornata?
Secondo la SSNV (Società Scientifica di Nutrizione Vegetariana, l'ente di riferimento in Italia per chi sceglie una dieta a base vegetale) una porzione di cibi ricchi di proteine, che praticamente coincide con i legumi, è davvero piccola: parliamo di 30 g a secco e di 80 g se sono cotti. Se pesiamo 80 g di legumi, scopriremo che entrano in un mestolo o in tre cucchiai, nemmeno troppo colmi.
Secondo il metodo proposto dalla SSNV ogni giorno **dobbiamo mangiare almeno 3 porzioni di cibi ricchi di proteine**, e ti assicuriamo che non è affatto difficile! Però, allo stesso tempo, non è una cosa banale né scontata, specialmente per chi si è approcciato da poco a un'alimentazione vegetale! Il rischio è quello di togliere senza aggiungere: togliere la carne lasciando invariate tutte le altre abitudini. La chiave, la ricetta magica per avere una dieta vegetale bilanciata è "pochi, ma spesso" e non "tanti, ogni tanto". Che poi è anche la stessa regola da seguire per avere una dieta sana!
Alle proteine dei legumi si sommeranno anche quelle di tutti gli altri alimenti, quindi non preoccuparti se facendo la somma delle 3 porzioni di cibi proteici non raggiungi il fabbisogno di proteine! Ecco che introdurre proteine vegetali in un'alimentazione *plant based* diventa facile, intuitivo e, con le giuste indicazioni e le giuste ricette (vedi innanzitutto quelle che seguono), anche molto goloso e gratificante.

Dimensione della porzione peso secco: 30 g
Dimensione della porzione peso cotto/umido: 80 g
Dimensione della porzione di bevanda di soia: 200 ml
Dimensione della porzione di yogurt di soia: 125 ml

ESEMPI di una porzione di alimenti ricchi di proteine:

- **30 g di legumi secchi** (lenticchie, lenticchie rosse, ceci, cannellini ecc.);
- **30 g di farina di legumi** (farina di ceci, farina di fave, farina di lenticchie);
- **30 g di pasta 100% legumi** (pesata da secca);
- **30 g di isolato proteico secco** (granulare di soia);
- **80 g di tofu**;
- **80 g di tempeh**;
- **80 g di hummus**;
- **80 g di legumi cotti**;
- **80 g di seitan**;
- **200 ml di bevanda di soia** (solo soia, no a mandorla, avena, nocciole ecc.);
- **125 ml di yogurt di soia** (solo soia, no a mandorla, cocco ecc.).

IDEE DA CUI ATTINGERE: MENU BILANCIATI PER OGNI STAGIONE!

primavera I

Colazione	Porridge al pistacchio e fragole
Spuntino	Pera e noci
Pranzo	Orzotto con asparagi
Spuntino	Tè freddo e pane spalmato con burro di arachidi e fettine di banana
Cena	Crespelle con farina di lenticchie, hummus e insalatina

primavera II

Colazione	Cappuccino e pane tostato con crema di nocciole e cioccolato e fragole in pezzi
Spuntino	Fetta di pane con pesto e mandarino
Pranzo	Polpettine ai carciofi e piadina, avocado e carote
Spuntino	Pera, noci e cioccolato
Cena	Spinacine e insalata mista

estate I	**Colazione**	Iced coffee e pane tostato con burro di frutta secca e marmellata
	Spuntino	Yogurt vegetale con granola e frutta fresca
	Pranzo	Friselle con hummus al basilico e pomodori
	Spuntino	Macedonia e noci
	Cena	Zucchine ripiene al tempeh
estate II	**Colazione**	Frullato con banana, fragola e bevanda di soia
	Spuntino	Pane con hummus alle melanzane
	Pranzo	Lasagna con i fiori di zucca
	Spuntino	Pesche e noci
	Cena	BBQ burger e patate al forno
autunno I	**Colazione**	Cappuccino e browines ai lamponi
	Spuntino	Banana e noci
	Pranzo	Torta salata ai funghi e insalata fresca
	Spuntino	Yogurt vegetale con granola
	Cena	Cotolette di ceci e spinaci ripassati
autunno II	**Colazione**	Bevanda di soia al cioccolato e biscotti
	Spuntino	Frutta fresca e noci
	Pranzo	Dahl di lenticchie rosse con riso basmati e cime di rapa saltate
	Spuntino	Cioccolata calda
	Cena	Polpettone in crosta con castagne e carote julienne
inverno I	**Colazione**	Bevanda di soia e cookies
	Spuntino	Mela e crostini con spicy hummus mayo
	Pranzo	Pasta al fumé e insalata
	Spuntino	Noci e datteri
	Cena	Shepherd's pie e verdura di campo ripassata
inverno II	**Colazione**	Porridge caldo con mela e cannella
	Spuntino	Pane e pâté di olive
	Pranzo	Farinata alle cipolle rosse e verdura mista ripassata
	Spuntino	Salame al cioccolato e arancia in pezzi
	Cena	Ribollita

Scopriamo i LEGUMI

I legumi sono i semi secchi delle piante appartenenti alla famiglia delle fabacee (o, appunto, leguminose).
Sapevi che le leguminose sono le uniche piante che riescono a fissare l'azoto atmosferico grazie alla simbiosi con dei batteri azotofissatori che vivono sulle loro radici? È per questo motivo che in passato si facevano ruotare le colture con delle leguminose, così da avere un terreno sempre ricco di azoto.

CECI

In un sondaggio sulla nostra pagina Instagram (*ilgolosomangiarsano*), i ceci sono risultati (a pari merito con le lenticchie) i legumi più amati. Estremamente versatili, sono anche davvero buoni.
Nota per l'acquisto: i ceci più sono piccoli e brutti, più sono buoni, dolci e saporiti!
Si trovano facilmente già cotti in vetro o Tetra Pak, ma cuocerli in casa è davvero facilissimo, scopri come a pag. 27.
Esistono anche in versione *black*, ovvero ceci neri, molto saporiti, ma la loro buccia risulta più dura, e per questo non li amiamo particolarmente.
I ceci sono i legumi con il maggior quantitativo di grassi, ma prendete questa informazione solo come una curiosità e non come una preoccupazione.

LENTICCHIE

Insieme ai ceci, stanno sul podio dei legumi più amati. Anche in questo caso, più le lenticchie sono piccole più sono buone! In commercio troviamo le lenticchie a pasta verde e le lenticchie a pasta rossa/arancione. Queste ultime in cottura tendono a perdere la buccia, creando un risultato sgradevole, per questo motivo vengono vendute spesso già decorticate. Quelle a pasta verde si trovano invece con la loro buccia marroncina e sono le tradizionali lenticchie di Capodanno.
Anche per le lenticchie esiste una qualità dalla buccia nera, le lenticchie beluga, molto buone e saporite.

CANNELLINI

I cannellini, dopo ceci e lenticchie, sono i legumi più amati e diffusi. Hanno un sapore delicato, e se sono di qualità la loro buccia è molto sottile. Estremamente versatili, sono perfetti per essere ridotti in crema.

BORLOTTI

Simili ai cannellini, ma più saporiti e farinosi: c'è chi ama i borlotti proprio per queste caratteristiche e chi preferisce i cannellini, che invece mantengono un gusto più neutro. A fine estate, si trovano anche in baccello fresco da sgranare. La versione fresca richiede una cottura più breve e senza ammollo.

CICERCHIA

Fa parte dei legumi dimenticati e da recuperare; è un piccolo legume dalla forma squadrata: sicuramente l'avrai vista in qualche fiera o mercato. Le cicerchie richiedono un ammollo di 48 ore perché hanno una buccia molto spessa.

ROVEJA

È praticamente introvabile, un legume sconosciuto la cui coltivazione richiede tanto impegno per una resa bassa. Si tratta di un vero peccato, perché è buonissima!
Le uniche volte in cui l'abbiamo trovata eravamo in Umbria: infatti quando ci capitiamo battiamo a tappeto tutti i negozietti alla ricerca di questo prezioso legume.

FAGIOLI DALL'OCCHIO

Piccoli fagioli bianchi con una macchiolina in corrispondenza dell'attaccatura al baccello. Richiedono poche ore di ammollo e una cottura tutto sommato breve. I fagioli dall'occhio sono perfetti da inserire nei mix di legumi per le zuppe! Si possono consumare anche come baccelli, quando sono freschi. Sono molto delicati e saporiti.

FAVE

Le troviamo in primavera fresche, mentre in versione secca si vendono sia decorticate sia con la buccia. Ultimamente si trovano anche al supermercato nel reparto dei surgelati, accanto ai piselli. Le fave sono un legume tradizionale sia in versione fresca – immancabili nel cestino del picnic delle vacanze di Pasqua –, che nella versione secca – è famoso nel Sud Italia il purè con le erbe amare.

PISELLI
Si consumano soprattutto freschi, sgranando il baccello in primavera, oppure in versione surgelata.
Di alcune qualità si può mangiare anche il baccello, se raccolto quando i semi sono ancora piccoli o inesistenti, e ovviamente in questo caso "conta" come verdura.
Esistono anche i piselli secchi, spesso in versione decorticata: li troviamo ad esempio nei mix per le zuppe.

FAGIOLI BIANCHI DI SPAGNA
Assomigliano ai cannellini ma sono molto più grandi e la loro caratteristica è di essere particolarmente dolci.

SOIA GIALLA
Non sono molto facili da reperire, ma in commercio si possono trovare anche i semi di soia. Possono essere consumati come qualsiasi altro legume.
La soia, tra tutti i legumi, è quella che contiene il maggiore quantitativo di proteine.

EDAMAME
Della soia esiste anche la versione fresca! È un peccato che non sia molto comune, anche se da qualche anno la troviamo nel reparto surgelati dei supermercati. Oppure si può ordinare nei ristoranti giapponesi.

Informazioni nutrizionali sui legumi
(per 100 g di prodotto edibile)

Legume	Calorie (kcal)	Proteine (g)	Lipidi (g)	Carboidrati (g)	Fibre (g)
Ceci secchi*	343	20,9	6,3	46,9	13,6
Lenticchie secche*	319	22,7	1	51,1	13,8
Lenticchie rosse decorticate**	343	22,86	0	62,86	14,3
Cannellini secchi*	314	23,4	1,6	45,5	17,6
Borlotti secchi*	312	20,2	2,0	47,7	17,3
Fagioli dall'occhio*	318	22,4	1,4	50,9	12,7
Fave secche*	331	21,3	2,1	52,8	14,7
Fave fresche*	51	5,2	0,4	4,5	5
Piselli surgelati*	61	5,4	0,3	6,5	6,3
Piselli secchi*	317	21,7	2	48,2	15,7
Edamame surgelati**	121	11,9	5,2	8,91	5,2

* Fonte dati CREA (Consiglio per la ricerca in agricoltura e l'analisi dell'economia agraria)
** Fonte dati USDA (U.S. Department of Agriculture)

LE GUIDE
del Goloso Mangiar Sano

GUIDA
PER CUOCERE I LEGUMI

Vediamo come cuocere i legumi in casa, in modo semplice e pratico. Usare i legumi precotti non crea nessun problema, però ti consigliamo di provare a cuocerli in casa per questi motivi:

- è molto più semplice di quello che si potrebbe immaginare;
- i legumi cotti in casa sono estremamente economici;
- il gusto è molto più buono rispetto a quello dei legumi precotti.

Ecco come cuocere i legumi interi!

STEP 1 Metti i legumi in una ciotola capiente e coprili con acqua.

STEP 2 Aggiungi un cucchiaino di sale.

STEP 3 Cambia l'acqua di ammollo, soprattutto se l'ammollo supera le 12 ore.

STEP 4 Sciacqua i legumi sotto l'acqua corrente.

STEP 5 Versali nella pentola a pressione e copri con abbondante acqua pulita e una presa di sale (il sale non indurisce la buccia, ma se sei solito non metterlo, non è fondamentale).

STEP 6 Metti sul fuoco e aspetta il fischio. A questo punto cuoci per il tempo indicato.

Ecco i tempi di ammollo e cottura dei **legumi interi** più usati.

Legumi interi	Ammollo	Cottura
- ceci	12-24 ore	40 minuti dal fischio
- fagioli cannellini - fagioli borlotti - fagioli rossi - roveja	12 ore	20 minuti dal fischio
- lenticchie	1 ora o senza ammollo	15-20 minuti dal fischio
- fagioli dall'occhio - fagioli neri - fagioli azuki	6-12 ore	20 minuti dal fischio

I **legumi decorticati** non hanno bisogno di ammollo e potete cuocerli nella pentola normale, anche insieme ad altri ingredienti per zuppe, orzotti, vellutate ecc.
Questo è possibile perché la loro cottura è veloce e i legumi si ammorbidiscono perfettamente: per questo vengono spesso usati anche per creme e passati.

Legumi decorticati	Cottura	Il consiglio in cucina
- fave - piselli secchi	30-40 minuti	Puoi preparare delle buonissime creme da usare poi per arricchire i tuoi primi piatti: la pasta sarà cremosissima e nutriente.
- lenticchie rosse	20-25 minuti	Usa le lenticchie rosse per preparare il dahl, una crema delicata da accompagnare al riso. Aggiungi zenzero e succo di limone per una nota aromatica in più!
- piselli surgelati/freschi - edamame	15-20 minuti	Sono ottimi sia come contorno che come condimento per primi piatti o deliziose bruschette. Saltali con della cipolla rossa di Tropea e aglio fresco.

GUIDA
AL MIX DI ERBE AROMATICHE

Lo troverete in quasi tutte le ricette salate e un motivo c'è! Le erbe aromatiche sono profumatissime e rendono ogni piatto unico e speciale. Siamo grandi fan delle aromatiche, nella nostra campagna ne abbiamo coltivate tantissime e in estate crescono rigogliose anche sui nostri balconi.
Un trucchetto per averle sempre a portata di mano, profumate e pronte per essere usate, è quello di farle seccare e prepararci un mix.
Noi prepariamo questo mix letteralmente da anni: quando eravamo più piccole in primavera si andava con nostra mamma a raccogliere aromatiche in montagna per preparare quintali di mix che poi avremmo usato tutto l'anno. Era proprio un rituale magico. Per prepararlo sono preferibili le aromatiche fresche: puoi usare anche quelle già essiccate, ma se le trovi fresche e le lasci seccare in casa saranno più profumate.
Ecco alcune delle erbe aromatiche che ti suggeriamo; puoi miscelarle nelle proporzioni che più ti aggradano e usare liberamente quelle che hai a disposizione.

- Maggiorana
- Santoreggia
- Timo
- Rosmarino
- Salvia
- Alloro (poche foglie)
- Semi di finocchio
- Origano
- Erba cipollina

STEP 1 Raccogli le aromatiche, lavale sotto l'acqua corrente, asciugale e disponile su una griglia o su un panno da cucina avendo cura di non ammucchiarle troppo. Nei giorni seguenti girale e muovile un po' così che possano seccarsi naturalmente.

STEP 2 Dopo 5-6 giorni saranno perfettamente secche. A questo punto separa le fogli oline dai rametti.

STEP 3 Metti le fogli oline in un macina caffè o in un frullatore molto potente.

STEP 4 Macina con cura le aromatiche fino a ottenere una polvere finissima.

STEP 5 Il mix ottenuto può essere conservato per molti mesi all'interno di barattolini ben chiusi.

Parlando di erbe aromatiche non possiamo non citare anche le spezie, valide alleate della nostra cucina! Le usiamo spesso perché donano sfumature aromatiche uniche ai piatti.
Scegli le tue preferite e usale su verdure, cereali, impasti di polpette e torte salate.

Nella nostra cucina, per esempio, non mancano mai il curry, la paprica affumicata e la curcuma.
Nella tabella che segue trovi alcuni suggerimenti sulle spezie e le erbe aromatiche che meglio si abbinano ai vari legumi.

Legume	Spezie	Erbe aromatiche
- ceci	curry, peperoncino piccante, paprica piccante	rosmarino, prezzemolo, salvia, origano, timo
Il consiglio in cucina Prova i ceci con questa combinazione di aromi in forno, aggiungi un filo d'olio e lasciali arrostire. Oppure preparali saltati in padella con l'aggiunta di succo di limone.		
- lenticchie	curry, peperoncino piccante, pepe, aglio in polvere, ginepro	rosmarino, salvia, timo, maggiorana, alloro
Il consiglio in cucina Con questi aromi, le lenticchie in umido e il ragù di lenticchie saranno ancora più buoni.		
- lenticchie rosse decorticate	curry, curcuma, garam masala, zenzero, cannella	rosmarino, salvia, timo, maggiorana
Il consiglio in cucina Combinazione ideale per un dahl buonissimo! Ricordati, a piatto finito, una bella spruzzata di limone.		
- fagioli cannellini **- fagioli borlotti** **- fagioli bianchi di Spagna**	pepe, aglio in polvere, zenzero	prezzemolo, rosmarino, salvia, origano, timo, maggiorana
Il consiglio in cucina Metti il mix di aromi e spezie in una ciotola, aggiungi i fagioli cotti e scolati e lasciali marinare, poi unisci il tutto alle insalate di pasta o patate.		

– cicerchia **– roveja**	peperoncino piccante, pepe, aglio in polvere, ginepro	rosmarino, salvia, timo, maggiorana, alloro
Il consiglio in cucina Profumi decisi e aromi intensi per questi due legumi. Provali nelle zuppe con del pane tostato.		
– fave	curcuma, pepe	rosmarino, salvia, timo, maggiorana, alloro
Il consiglio in cucina Puoi cuocere le fave fresche o realizzare un delizioso purè profumato e delicato da aggiungere alla pasta per farla diventare cremosissima.		
– piselli	curry, curcuma, peperoncino piccante, paprica piccante	prezzemolo, rosmarino, salvia, origano, timo, maggiorana
Il consiglio in cucina Vanno bene anche i pisellini surgelati: falli saltare in padella con uno scalogno ben tritato, aggiungi dei funghi trifolati, la pasta e porta in tavola guarnendo con tante noci e pinoli.		

GUIDA

AL SOFFRITTO FATTO IN CASA

Una preparazione che troverete spesso nelle ricette è il "soffritto": è la base di molti piatti e serve per dare sapore e gusto agli ingredienti. È il classico "sedano, carota e cipolla", ma un po' rivisitato in versione Goloso Mangiar Sano.
Avere il soffritto già pronto a portata di mano è comodissimo e fa risparmiare un sacco di tempo, lo metti direttamente in padella e non devi tagliuzzare ogni volta le verdure.

Ingredienti

- 1 cipolla rossa di tropea
- 1 scalogno
- 2 carote
- 2 coste di sedano
- 1 rametto di prezzemolo
- 5 pomodorini secchi

STEP 1 Taglia tutto a cubetti oppure frulla per ottenere una texture più fine, che poi si scioglierà e si fonderà con gli altri ingredienti della ricetta.

STEP 2 Una volta ottenuta la miscela di soffritto puoi metterla in frigorifero, dove si mantiene bene per circa 4-5 giorni.

In alternativa puoi conservarla in freezer all'interno degli stampini per il ghiaccio per avere delle monoporzioni pronte all'uso! Quando ti serve, non farlo scongelare, ma uscilo direttamente all'olio in una padella calda.

GUIDA

AL MIX PER POLPETTE E TORTE SALATE

Nella nostra dispensa non manca mai! Questo mix è molto versatile e può essere usato sia per legare le polpette sia come base per realizzare torte salate e ripieni.
Per prepararlo ti servono solo 3 ingredienti!

- **Farina di legumi**: puoi usare quella di ceci, lenticchie rosse o verdi, piselli ecc.; puoi anche miscelare più farine insieme. Legano bene gli ingredienti e apportano proteine.
- **Fiocchi di patate**: si trovano con facilità in ogni supermercato, spesso con il nome di "preparato per purè", e servono per legare l'impasto e dare struttura.
- **Lievito alimentare in scaglie**: non è un lievito attivo ma serve a dare sapore e sapidità; puoi sostituirlo con una miscela di erbe aromatiche, spezie e sale.

Ingredienti

- 180 g di farina di legumi
- 60 g di fiocchi di patate
- 40 g di lievito alimentare in scaglie

STEP 1 In una ciotola miscela tutti gli ingredienti.

STEP 2 Metti qualche cucchiaio di mix nell'impasto delle polpette e aspetta qualche minuto: se l'impasto è consistente, ma malleabile, fermati, altrimenti aggiungine ancora un pochino.

STEP 3 Conserva il preparato in più all'interno di un barattolo ben chiuso.

Provalo anche per preparare la torta salata con funghi e patate di p. 128, oppure usalo al posto del classico pangrattato per dare consistenza agli impasti.
Esattamente come per il pangrattato, fai attenzione a non metterne troppo, altrimenti l'insieme potrebbe risultare asciutto.

GUIDA

AL MIX PER CRACKER E CRESPELLE

Un altro mix facile da preparare e molto comodo è quello per cracker e crespelle! È un mix senza glutine, fatto con farina di riso, farina di lenticchie rosse e tanti semini. È ottimo per la realizzazione di numerose ricette.

Con il mix pronto cucinare cracker e crespelle sarà velocissimo e non dovrai pesare tutti gli ingredienti secchi: servirà solo aggiungere acqua, olio, sale e altri ingredienti a seconda della ricetta.

Ingredienti

- 200 g di farina di lenticchie rosse
- 250 g di farina di riso
- 4 cucchiaini di lievito istantaneo
- 15 g di semi di sesamo
- 15 g di semi di sesamo nero (o di papavero)
- 15 g di semi di lino

Provalo per preparare i cracker e le crespelle alle pp. 133 e 134.

GERMOGLI, L'INIZIO DI UNA NUOVA VITA

Tutta la forza di un seme che germina e dà luogo a una nuova meravigliosa pianta

Queste piante in miniatura in piena fase di crescita sono un concentrato di vitamine, enzimi, minerali e proteine, ovvero tutto quello che la pianta madre ha sapientemente concentrato nel seme e che serve alla piccola pianta per crescere e farsi forte.
Le vitamine contenute nei germogli sono molto più abbondanti rispetto a quelle contenute nella pianta adulta: a volte arrivano a superarle anche del 100%!
Di germogli ne mangiamo molti meno rispetto alle verdure, ma il loro alto contenuto vitaminico è comunque un ottimo motivo per consumarli!
Per far crescere i germogli gustosi e carnosi ti consigliamo di farli nascere e germinare al buio e poi, appena vedrai le prime foglioline, potrai spostarli in un posto luminoso: in questo modo la luce del sole attiverà la clorofilla presente nelle foglie, che ha svariate funzioni benefiche!
I germogli vanno mangiati freschi e crudi; una volta nati, quando avranno raggiunto la giusta grandezza, vanno infatti consumati nel giro di pochi giorni.
Se vuoi usarli cotti ti consigliamo una cottura molto veloce, ad esempio saltati in padella.
Ogni germoglio, proprio come ogni pianta adulta, ha le sue caratteristiche organolettiche e concentrazioni diverse di minerali e vitamine, per questo il nostro invito è quello di variare!
Ecco i nostri preferiti.

- Alfa alfa (erba medica)
- Lenticchie
- Azuki
- Ceci
- Piselli

GUIDA
PER COLTIVARE I GERMOGLI IN CASA

Coltivare i germogli in casa è semplice e divertente. Per farlo avrai bisogno solamente dei semi o dei legumi secchi e di un germogliatore.
I germogliatori si trovano in tutti i supermercati più forniti, nei negozi bio oppure online, ma puoi anche realizzarne uno in casa in pochissimi minuti, ecco come fare!

Come realizzare un germogliatore

STEP 1 Procurati due contenitori uguali, meglio se larghi e bassi, quelli in plastica riutilizzabile per conservare il cibo vanno benissimo. Controlla che una volta impilati tra i due contenitori ci sia un po' di spazio libero: questo servirà per evitare che l'acqua possa ristagnare e per permettere ai germogli di essere arieggiati e drenati.

STEP 2 Con una puntina o un cacciavite fai dei piccoli fori sulla superficie di uno dei contenitori, usando una punta sottile.

STEP 3 Procurati una garza o un tulle con un elastico per chiudere il germogliatore. Il tuo germogliatore è pronto per essere usato!

Come far crescere i germogli

STEP 1 Metti in ammollo i semi scelti per 6-12 ore.

STEP 2 Scola i semi e mettili all'interno del contenitore o germogliatore.

STEP 3 Spruzza sui semi un po' di acqua 1-2 volte al giorno.

STEP 4 Nei giorni successivi i germogli inizieranno a crescere.

STEP 5 Quando compariranno le prime foglioline, potrai raccoglierli e consumarli.

Provali per preparare bowl, insalatone, piatti freddi o il nostro tris di cereali con tempeh che trovi a p. 146.

GUIDA
AL TOFU FATTO IN CASA

Preparare il tofu non è mai stato così semplice e divertente!
Il tofu fatto in casa ha il vantaggio di essere molto buono e di avere una consistenza particolare: è morbido, ma al tempo stesso compatto, perfetto per realizzare polpette, impasti, ripieni ecc.

STEP 1 Procurati 250 g di fagioli di soia.

STEP 2 Metti in ammollo la soia per 24 ore in acqua fredda.

STEP 3 Passato questo tempo, scola la soia, armati di pazienza e togli tutte le pellicine.

STEP 4 Metti la soia in un frullatore potente: la cosa migliore è avere un blender, ma in alternativa puoi usare anche una pentola alta e un frullatore a immersione. Aggiungi 750 ml di acqua e frulla per bene.

STEP 5 Ora ti serve un sacchetto in tela per preparare la bevanda vegetale. Inseriscilo nel boccale del frullatore a immersione, versa il contenuto frullato e strizza in una pentola grande. Se è troppo, puoi ripetere il passaggio due volte.

STEP 6 Rimetti l'okara, ovvero la polpa che è rimasta nel sacchetto in tela, nel blender e aggiungi altri 750 ml di acqua. Frulla più che puoi. Procedi nuovamente strizzando con il sacchetto per la bevanda vegetale, in modo da dividere la polpa dal liquido.
Facoltativo: frulla una terza volta l'okara con 300 ml di acqua + 100 ml per aiutarti a pulire il frullatore.

STEP 7 Ora che hai tutto il "latte di soia" portalo sui fornelli e fallo bollire, dolcemente, girando sempre con un cucchiaio di legno. Lascialo raffreddare fino alla temperatura di 80 °C (sarebbe preferibile avere un termometro per alimenti).

STEP 8 Raggiunta la temperatura, versa un po' alla volta il succo di limone. Ne serviranno circa 50 ml, ma la quantità esatta dipende da quanto è acido il succo. Vedrai che il liquido da bianco diventerà trasparente con tanti grumi bianchi: quelle sono le proteine della soia che a contatto con un ambiente acido cambiano struttura e tendono a unirsi tra loro, creando i grumi.

STEP 9 Fodera un colino a maglie metalliche con un canovaccio pulito che non sia stato lavato con ammorbidente e che non profumi di detersivo per panni, altrimenti il profumo del detersivo verrà trasferito al tofu.

STEP 10 Versa il composto nel colino, ripiega i lembi del canovaccio e mettici un peso sopra.

STEP 11 Lascia il peso in posizione per almeno 5 ore.

STEP 12 Infine, conserva il tofu in un contenitore di vetro.

Il tofu può essere usato per preparare tantissime ricette: nel ricettario che segue troverai una sezione interamente dedicata a questo ingrediente. Anche con l'okara si possono realizzare gustose ricette, prova ad esempio le piadine gusto pizza a p. 157.

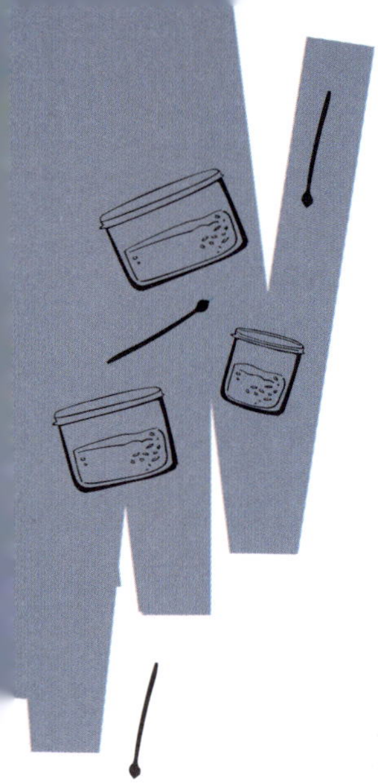

IL MEAL PREP!

Parliamo spesso di meal prep e di quanto sia comodo e funzionale preparare i pasti in anticipo.
Essere ben organizzati infatti è il primo passo verso un'alimentazione più equilibrata, sana e varia ed è anche il metodo migliore per impiegare poco tempo in cucina, mangiando i nostri piatti preferiti.
Il "meal prep" comprende un'ampia scelta di preparazioni: ci sono piatti che si prestano bene a essere conservati pronti e che al momento del consumo dovranno solo essere scaldati, e ci sono ingredienti di base che possono essere preparati o parzialmente cucinati in anticipo per poi essere assemblati o usati per la preparazione di altre ricette.
Il segreto per sviluppare un meal prep efficace è modularlo secondo le proprie esigenze e capacità in cucina. Non dovrete preparare per forza decine di porzioni di cibo: anche dei semplici legumi cotti e della verdura arrosto sono un ottimo meal prep! Infatti legumi e verdure possono essere la base di tantissime ricette, come ripieni per panini e piadine, condimento per la pasta, farcitura per torte salate e così via!
In conclusione: anche un piccolissimo meal prep può salvare tanti pranzi e tante cene!

Quando si fa "meal prep" servono poche e semplici regole e una strumentazione basilare.

COSA TI SERVE PER IL MEAL PREP

- **Contenitori** Meglio se di vetro e preferibilmente in misure variabili così da essere utili per preparazioni diverse.
- **Etichette (o scotch di carta)** Utilissime per indicare il contenuto e la data di preparazione, soprattutto quando conserviamo il cibo in freezer.
- **Vaschette** Quando facciamo meal prep, abbiamo spesso tantissime verdure che vanno lavate, pulite e sbucciate. Ti consigliamo di predisporre delle vaschette per lavare gli ortaggi e per metterci in seguito tutti gli scarti, che poi smaltirai.

A questi utensili aggiungi la tua normale attrezzatura da cucina!

CONSIGLI STRATEGICI PER IL MEAL PREP

- **Scegli bene cosa fare** Prepara e conserva i cibi che si prestano a questa procedura (ne parleremo meglio più avanti). Cerca di scegliere le ricette e gli ingredienti che ti piacciono di più: se farai una ricetta nuova o cucinerai un cibo per la prima volta potrebbero non piacerti, e inserirli all'interno di un meal prep significherebbe aver sprecato tempo (e cibo) se poi questo non verrà utilizzato.
- **Poco ma buono** Come detto in precedenza un meal prep è valido ed efficace anche se composto da pochissimi elementi! Soprattutto se sei alle prime armi o se semplicemente hai poco tempo, scegli poche preparazioni e magari molto semplici: questo renderà il meal prep di facile svolgimento e ti aiuterà moltissimo quando dovrai completare il pranzo o la cena.
- **Ogni occasione è buona** Non per forza dobbiamo dedicare al meal prep uno spazio esclusivo. Meal prep può voler dire anche preparare la cena quando si cucina il pranzo, fare più burger del necessario e congelarne una parte, pulire e cuocere in anticipo la verdura quando si compra fresca ecc., le occasioni sono tantissime!
- **Fai spazio in frigorifero o in freezer** Il rischio è quello di avere pronte tante cose, ma di non sapere dove metterle! Inoltre, potrebbe essere una buona occasione per pulire il frigorifero o sbrinare il freezer: il ghiaccio che si accumula, infatti, non solo occupa spazio, ma riduce anche il funzionamento dell'elettrodomestico.

- **Pulizia** Se scegli di organizzare più pasti durante il tuo meal prep, non accumulare stoviglie e piatti, ma cerca di pulire quello che hai utilizzato e fare ordine man mano che prepari il cibo; questo ti eviterà poi di avere la cucina in totale subbuglio e impiegare ore per riordinare.
- **Contenitori** Assicurati anche di avere i contenitori per conservare il cibo! Sembra una sciocchezza, ma quando capita di aver cucinato tanto e di non avere poi dove mettere le pietanze... è un problema.

COSA CUCINARE NEL TUO MEAL PREP

Condimenti per la pasta

Sono comodissimi da tenere in freezer, sempre a portata di mano, così da poter preparare un primo in pochissimo tempo!
Inoltre, quando si fa meal prep, la preparazione di sughi come il ragù è comoda e non richiede troppa supervisione, perché cuociono lentamente e richiedono pochissimi passaggi.

IL CONSIGLIO Scegli dei piccoli contenitori, meglio se monodose o bidose. In questo modo scongelerai solo il prodotto necessario e sarà più veloce preparare il pasto.

Prova queste ricette
Ragù di lenticchie rosse (p. 115)
Ragù di tempeh (p. 145)
Ragù di granulato di soia (p. 161)

Secondi e contorni

Alcuni piatti a base di legumi sono pratici da conservare, quindi li potete facilmente inserire in un meal prep! Possono poi essere accompagnati da pane, verdure fresche, insalata ecc., da usare per una cena preparata in modo velocissimo o per un pranzo fuori casa.

Prova queste ricette
Shepherd's pie (p. 80)
Polpettone in crosta con castagne e prugne (p. 104)
Sformato di patate e fagiolini (p. 111)

Polpette

La nostra passione per le polpette è davvero smodata: ci piacciono proprio tanto!
Le polpette sono un perfetto salva cena, accompagnate a cereali, pane o crostini, con verdure fresche o arrostite, si trasformano in un pasto gustoso e facile da imbandire!
Sono antispreco e svuotafrigo, perché si possono preparare con ingredienti di ogni tipo e ci consentono di ridurre gli sprechi. Inoltre, possono essere conservate comodamente! Si possono mettere in frigorifero, dove in media si mantengono bene per circa 4 giorni, oppure in freezer (qui i tempi si prolungano e arrivano anche fino a 4 mesi). Quando vorrai mangiare le tue polpette toglile dal freezer e falle saltare in padella o in forno senza farle scongelare, in pochi minuti saranno pronte!

Le polpette sono un invito alla varietà: alla base di legumi si possono aggiungere gli ortaggi che più ti piacciono. Ecco una lista dei nostri preferiti...

AUTUNNO/INVERNO

- **Carciofi** Usa i cuori e le parti più polpose, puoi anche scegliere quelli congelati, da far saltare in padella con olio extravergine di oliva, aglio e prezzemolo.
- **Broccoletti** In questo caso puoi usare sia le cime verdi che i gambi, che di solito vengono buttati; tritali finemente e saltali in padella per pochi minuti.
- **Barbabietola rossa** Puoi usare quella precotta o quella fresca, da far bollire in acqua per renderla morbida; le tue polpette e i tuoi burger acquisteranno un bellissimo colore rosa!
- **Topinambur** Ha un sapore simile a quello del carciofo; cuocilo al vapore oppure usalo crudo tritato a julienne.
- **Cavolo cappuccio** Anche in questo caso, come per il broccolo, puoi usare i gambi; saltalo in padella o cuocilo al vapore, ma fai attenzione a non esagerare! Ricorda che poi le polpette andranno passate anche in padella o in forno, quindi per ammorbidire il cavolo basteranno pochi minuti. In alternativa, puoi usarlo crudo: taglialo a striscioline sottili!
- **Zucca** Di solito la usiamo cotta al vapore e ridotta in crema, da amalgamare al resto degli ingredienti.

PRIMAVERA/ESTATE

- **Zucchine** Le puoi usare sia cotte, appena saltate in padella, che crude; nel secondo caso, tritale finemente, aggiungi un pizzico di sale e strizzale un po' prima di aggiungerle al resto degli ingredienti, così da togliere l'acqua in eccesso.
- **Melanzane** Da usare rigorosamente cotte, puoi cuocerle al forno o saltarle in padella con olio extravergine di oliva e sale.

QUATTRO STAGIONI (SEMPRE PRESENTI)

- **Cipolla e cipollotto** Danno un ottimo sapore, ma ti consigliamo di cuocerli prima e di usare varietà dall'aroma dolce e delicato, come la cipolla di Tropea.
- **Porro** Taglialo a striscioline o fettine, fallo saltare in padella con olio extravergine di oliva e sale, poi aggiungi un goccino di acqua per farlo stufare e infine rendilo saporito con spezie e salsa di soia... le tue polpette ringrazieranno!
- **Carote** Puoi usarle sia cotte che crude, tritate o a julienne, hanno un sapore delicato che piace a tutti e si abbina a tanti ingredienti.

VERDURE A FOGLIA

- **Spinaci** Sono un must nelle polpette e nei burger; facilmente reperibili, si possono usare sia freschi che surgelati, in ogni caso saltali in padella per pochi minuti per farli ammorbidire.
- **Bietoline** Simili agli spinaci, puoi usare sia la bieta a coste che la bietolina da taglio; anche in questo caso, lasciala cuocere velocemente e poi tagliala finemente prima di usarla.

Prova queste ricette

Cotolette di ceci (p. 95)
BBQ burger con peperoni e cipolle (p. 100)
Polpette ai carciofi e rosmarino (p. 119)
Polpette di quinoa e melanzane (p. 120)
Spinacine croccanti (p. 121)

Zuppe e vellutate

Le zuppe e le vellutate sono facili da cucinare e pratiche da tenere sempre a portata di mano. Anche in questo caso, se decidi di metterle in freezer, ti consigliamo di porzionarle in contenitori monoporzione o biporzione.
Potete preparare una zuppa pronta, oppure una base da arricchire poi con cereali, crostini di pane e verdure.

Prova questa ricetta
La nostra ribollita (p. 79)

Legumi cotti

Come abbiamo visto a p. 27, cuocere i legumi in casa è facile e il risultato è ottimo!
È un procedimento estremamente semplice, ma necessita di tempi lunghi, dovuti all'ammollo e alla cottura. Per queste ragioni cuocere i legumi in quantità abbondanti è la strategia vincente, sapendo che poi potrai conservarli sia in frigorifero che in freezer. Tutti i legumi si prestano bene a essere conservati, a eccezione di quelli decorticati, che hanno una cottura veloce e sono perfetti per essere preparati al momento. Per ciò che riguarda fagioli cannellini, borlotti, ceci ecc., invece, puoi metterli all'interno di un contenitore, dopo averli scolati, e conservarli in freezer; altrimenti, se li tieni in frigorifero, puoi lasciarli nella loro acqua di cottura. Già cotti sono perfetti (e comodi) per un'infinità di ricette!

Prova queste ricette
Tuna salad... senza tonno (p. 91)
Ceci uno tira l'altro (p. 71)
Crostata ratatouille (p. 88)
Orecchiette con crema di cannellini (p. 103)

LA CONSERVAZIONE: FRIGORIFERO O FREEZER

Spesso ci viene chiesto se conviene conservare i cibi in frigorifero o in freezer, e la risposta dipende da alcuni fattori.
Per esempio, alcune preparazioni non rendono bene se conservate in freezer, come i cereali, che in frigorifero, al contrario, si mantengono per diversi giorni e sono facili e pratici da cuocere.
Tanti altri ingredienti e preparazioni, come per esempio i burger, possono invece essere tranquillamente messi in freezer.
Inoltre puoi scegliere tra frigorifero e freezer anche in base a quanto a lungo vuoi conservare il prodotto.
Di seguito, una scheda con alcuni esempi.

	Burger e polpette		
FRIGO	**Si mantengono per circa 3-4 giorni.** Quando vorrai consumare i burger mettili in padella e lasciali scaldare per pochi minuti da entrambi i lati.	**Si mantengono per circa 4 mesi.** Puoi congelare i burger sia cotti che crudi. In entrambi i casi, al momento dell'utilizzo, metti i burger ancora congelati direttamente in padella o in forno. Se erano già stati cotti in precedenza, si dovranno solo scaldare. Se erano crudi il tempo di cottura sarà di circa 20-25 minuti, a seconda della grandezza.	FREEZER
	Sughi e condimenti		
FRIGO	**Si mantengono per circa 3-4 giorni** e dovranno poi solo essere scaldati.	**Si mantengono per circa 4 mesi.** Puoi lasciare scongelare il condimento in frigorifero per una notte, oppure metterlo in una padella o in un tegame su fuoco basso per farlo scongelare più velocemente.	FREEZER
	Legumi		
FRIGO	**Si mantengono per circa 3-4 giorni** e dovranno poi solo essere scaldati.	**Si mantengono per circa 4 mesi.** Puoi lasciare scongelare i legumi in frigorifero per una notte, oppure metterli in una padella o un tegame su fuoco basso per farli scongelare più velocemente.	FREEZER
	Pesti freschi		
FRIGO	**Si mantengono per circa 3-4 giorni** e dovranno poi solo essere uniti alla pasta o usati come farcitura per piadine e panini.	**Si mantengono per circa 4 mesi.** Lascia scongelare il pesto in frigorifero per una notte e poi usalo "fresco". Evita quindi di scongelare il pesto scaldandolo: il gusto e la consistenza potrebbero risentirne.	FREEZER
	Zuppe		
FRIGO	**Si mantengono per circa 3-4 giorni** e dovranno poi solo essere scaldate, meglio se riportandole a bollore.	**Si mantengono per circa 4 mesi.** Metti la zuppa congelata in un tegame, copri con il coperchio e porta a bollore tenendo il fuoco medio-basso. Ti consigliamo di congelare delle monoporzioni, così sarà pratico riscaldare la zuppa al momento dell'utilizzo.	FREEZER
	Vellutate		
FRIGO	**Si mantengono per circa 3-4 giorni** e dovranno poi solo essere scaldate, meglio se riportandole a bollore.	**Si mantengono per circa 4 mesi.** Metti la vellutata congelata in un tegame, copri con il coperchio e porta a bollore tenendo il fuoco medio-basso.Ti consigliamo di congelare delle monoporzioni, così sarà pratico riscaldare la vellutata al momento dell'utilizzo.	FREEZER

DEDICATO SÌ AI VEG, MA NON SOLO...

Ti sveliamo un segreto: questo libro non è dedicato solo a quelli che si sentono chiedere spesso "Ma quindi tu da dove le prendi le proteine?", è dedicato anche a tutti quelli che fanno la domanda...
Molte volte le persone che seguono una dieta tradizionale si stupiscono di trovare nelle nostre ricette la tradizione, i sapori di casa: ricette semplici e allo stesso tempo golose. La sorpresa nasce dal fatto che spesso le ricette vegetali sono associate a ingredienti dal "dubbio gusto". Questo è particolarmente vero se ci affidiamo a siti e libri di autori anglosassoni che, se da un lato hanno una straordinaria capacità di rendere accattivanti i loro piatti, dall'altro hanno una cultura alimentare molto distante dalla nostra, per cui difficilmente incontrano i gusti degli italiani. Quindi ricette vegetali sì, ma dedicate a tutti. Perché tutti dovrebbero mangiare più vegetale e, in particolare, dovrebbero riscoprire un ingrediente meraviglioso e versatile come i legumi, la base dell'alimentazione dei nostri nonni.
Si parla spesso di ricette della tradizione, ma si parla poco della frequenza con cui venivano mangiati i piatti tradizionali. Se il salame fa parte della nostra tradizione culinaria, non ne fa parte l'abitudine di mangiarlo tutti i giorni. Spesso i piatti della tradizione sono molto ricchi, grassi, opulenti e oggi ci rifacciamo a queste ricette senza considerare il contesto in cui sono nate.
Dai racconti di nostro padre, sappiamo che la bisnonna Aldemira, nata nel 1893, portava tutti i giorni il carretto della frutta da Piazza d'Armi a Pietra La Croce: per tutti quelli che non sono di Ancona, diciamo solo che a noi non verrebbe mai in mente di spostarci a piedi lungo quella distanza, e tra l'altro si tratta di una strada con tante salite. Inoltre, la nostra bisnonna la faceva trascinando a mano il carretto della frutta. Il carretto stesso, fatto artigianalmente tut-

to in legno massello, pesava svariati chili anche vuoto. Come facesse una donna esile e minuta a trascinare per chilometri, spesso anche in salita, quel carretto è un mistero! O forse è una cosa del tutto normale, siamo noi a esserci completamente disabituati a quello stile di vita, date le nostre esistenze ipersedentarie.
In quel contesto, proviamo a immaginare il cenone di Natale: pensi che la bisnonna si preoccupasse dei grassi saturi? Delle calorie in eccesso? Degli zuccheri semplici? Giustamente non se ne doveva preoccupare, anche perché probabilmente la frequenza con cui mangiava certi cibi era molto più bassa di chi oggi dice di "mangiarne pochi". Zuccheri semplici? Dove li doveva trovare la nostra bisnonna gli zuccheri semplici? Probabilmente mangiava in quantità la frutta che rimaneva invenduta... Carne, salumi? Certamente ne mangiava, ma è probabile che lo facesse con una frequenza talmente bassa che rasentava l'essere vegetariani.

Quello che ci viene tramandato è il racconto di piatti che in realtà venivano mangiati di rado, a cui si aggiunge un elenco infinito di prodotti che consumiamo abitualmente oggi, e che i nostri avi non avevano, a cui dovremmo stare particolarmente attenti...
I nostri nonni avevano già gettato, senza volerlo, le basi di un'alimentazione sana, che prevedeva soprattutto il consumo di frutta, verdura, cereali integrali e tanti legumi. Erano gli alimenti più poveri e più disponibili, e per questo accessibili a tutti: oggi li chiamiamo alimenti a basso impatto ambientale. Purtroppo a questa dieta "sana" all'epoca si affiancavano due problemi importanti: la quantità e la varietà. Problemi che oggi non abbiamo, quindi possiamo permetterci il lusso di prendere solo il meglio dalle loro abitudini! Oggi abbiamo la fortuna di avere quantità di frutta, ortaggi e legumi che soddisfano appieno il nostro fabbisogno calorico e non dobbiamo di certo preoccuparci di trovare di che mangiare se un raccolto è meno abbondante degli altri.
Anche la varietà gioca un ruolo importantissimo nell'alimentazione e anche in questo caso abbiamo oggi la fortuna di poter attingere a un incredibile assortimento di prodotti.
Quando le condizioni economiche sono migliorate e carne, pesce e derivati sono entrati nella quotidianità, come spesso succede quando ci si priva troppo di qualcosa, le loro quantità non sono rimaste "limitate", ma essi, abbondando, sono diventati il simbolo di salute, forza e vigore, ma anche di progresso e benessere economico.

Perché un libro sulle proteine, se le proteine non sono un problema?

Noi ci troviamo bene a partire proprio dalle proteine per bilanciare la dieta e per scegliere cosa portare in tavola. Un po' come quando si fa un puzzle, i pezzi sono tutti sul tavolo, possiamo decidere di partire da un punto qualsiasi, ma per esperienza sappiamo che è più facile partire dal bordo esterno.
Ecco, allo stesso modo, quando dobbiamo scegliere cosa mettere nel piatto ci sembra più indicato partire dalle fonti proteiche. Così avremo la tranquillità di sapere di averne assunte a sufficienza e contemporaneamente sarà più facile decidere cos'altro portare in tavola. Per esempio, prima decidiamo che stasera mangeremo legumi sotto forma di polpette, e poi decidiamo che le vogliamo abbinare a piadine e verdure. Oppure prima scegliamo di mangiare farina di ceci, come fonte proteica, e poi scegliamo di preparare una farifrittata con gli spinaci che abbiamo in frigorifero, già cotti. Come abbiamo visto nel nostro primo libro, *Il Goloso Mangiar Sano*, quando abbiamo il frigorifero pieno paradossalmente è più difficile scegliere cosa cucinare per pranzo e per cena... quindi è utile fissare un punto di partenza a cui poi affiancare il maggior numero di vegetali possibile e i carboidrati che meglio si adattano alla ricetta, preferendo quelli integrali e cercando di variare il più possibile!
Noi questo punto di partenza lo troviamo nelle proteine: pensando a quali fonti proteiche abbiamo mangiato ultimamente scelgiamo la successiva, e in base a questa scelta costruiamo il resto del pasto. Ecco perché le sezioni del ricettario di questo libro non sono divise per tipologia di portata (primi, secondi, contorni...), come è consueto fare, ma sono divise per tipologia di alimento proteico. In questo modo, quando non saprai cosa fare a cena, basterà scegliere la fonte proteica, aprire il libro nella sezione dedicata e prendere ispirazione per portare in tavola un piatto buonissimo...

Introduzione al RICETTARIO

LEGUMI INTERI (da p. 64)

La prima sezione di questo ricettario si apre con i legumi nella loro forma più tradizionale, ovvero interi. Ci possiamo preparare svariate ricette, dalla classica zuppa alle bruschette...

LEGUMI IN SCATOLA Approfittiamo di questo spazio per sfatare un falso mito sui legumi in scatola, ovvero quelli che compriamo già cotti al supermercato. Di tutti i prodotti confezionati che il supermercato ci offre, i legumi in scatola sono tra i più innocui, anche se di solito sono sempre malvisti. Li troviamo in confezioni di latta, Tetra Pak e vetro. La varietà è piuttosto limitata: ceci, fagioli borlotti, fagioli cannellini, fagioli bianchi di Spagna e lenticchie.
La lista degli ingredienti presenti in queste confezioni deve essere cortissima: legume cotto, acqua, sale. Oggi diversi brand propongono anche una linea senza sale, ma se il sale è presente basterà sciacquare sotto l'acqua il legume prima di utilizzarlo, per rimuovere l'eccesso. Bisogna tenerne conto nella ricetta, in modo da evitare di portare in tavola pietanze eccessivamente salate.
A parte questo, non ci sono altre controindicazioni per la salute nel consumare legumi in scatola! Quindi, se ti fanno comodo, comprali tranquillamente.
Ti consigliamo di scegliere quelli in vetro: costano leggermente di più ma sono molto più buoni!

Ovviamente anche cuocere i legumi in casa è facile ed economico: trovi come fare a p. 27.

LEGUMI INTERI MA... NASCOSTI (da p. 84)

In una dieta vegetale mangiare legumi non è monotono e noioso come potrebbe sembrare perché è possibile inserirli in tantissime ricette senza quasi accorgerci che li stiamo mangiando! Ciò non è funzionale soltanto per le persone a cui i legumi non piacciono, o per i bambini, che così non li vedono, ma ci consente anche di ampliare la gamma di piatti che possiamo mettere in tavola senza avere la sensazione di mangiare sempre le stesse cose. L'occhio non li vede, ma ci sono! E sono presenti non come ripiego, ma come punto forte del piatto. Per esempio, usare i cannellini per creare una crema per mantecare la pasta o i risotti (pp. 103) è un modo eccezionale per utilizzare i legumi senza avere la percezione di mangiarli: daranno tanto sapore al piatto e altrettanta cremosità.

LEGUMI DECORTICATI (da p. 107)

In una dieta vegetale, i legumi decorticati sono un alleato prezioso, perché hanno un contenuto minore di fibra rispetto a quelli interi, in quanto la loro buccia esterna è stata rimossa. Questo può essere un vantaggio per tante ragioni: per esempio quando vogliamo ridurre leggermente il consumo di fibre, che in una dieta vegetale sono super abbondanti, o nel caso di bambini piccoli, fino ai 3 anni, che non devono assumerne troppe. I legumi decorticati sono utili anche per tutti quelli che hanno difficoltà a consumare legumi perché "gonfiano".
Rappresentano un vantaggio anche in cucina, perché generalmente richiedono una cottura molto veloce (specialmente le lenticchie rosse decorticate, che essendo piccole cuociono in appena 15-20 minuti). Inoltre, a parità di peso con i legumi interi, presentano un contenuto proteico leggermente più alto.
Generalmente in commercio troviamo le lenticchie rosse decorticate, le fave decorticate e i piselli decorticati.

FARINA DI LEGUMI (da p. 112)

La farina di legumi è un'alleata fantastica che ci permette di ampliare le ricette in cui, senza quasi accorgercene, possiamo inserire i legumi. Anche in questo caso non si tratta di un ripiego né di una forzatura, ma è la prima scelta in moltissime preparazioni.
La farina di legumi, pur essendo senza glutine, ha un ottimo potere legante, ed è quindi perfetta per sostituire le uova in tante ricette! In particolare, la farina di lenticchie ha un gusto delicato e riesce contemporaneamente a donare tanto sapore ai piatti in cui viene utilizzata. La farina di ceci ha un gusto deciso che non piace a tutti, ma questo può essere smorzato tostando la farina oppure aggiungendo un po' di aceto.

PASTA DI LEGUMI (da p. 137)

In commercio si trovano davvero tantissime varietà di pasta di legumi: di ceci, di lenticchie, di piselli, di fagioli neri... Il mercato offre sempre più alternative, che in effetti sono molto comode per fare il pieno di proteine senza avere l'impressione di mangiare legumi! Bisogna però tenere presente che, anche se visivamente e sensorialmente la pasta di legumi ci sembra in tutto e per tutto pasta, quindi "cereale", su un piano nutrizionale la dobbiamo considerare "legume" a tutti gli effetti. Quindi, se la sostituiamo alla pasta di semola, finiamo per mettere nel piatto 100 g di legumi pesati da secchi, che sono davvero tanti per un pasto (del resto rappresenterebbero le 3 porzioni giornaliere di cibi proteici raccomandate dalla SSNV, ma in un unico piatto!). Il consiglio che ti diamo è quello di mixare la pasta di semola con la pasta di legumi. Siccome i legumi hanno meno carboidrati dei cereali, a parità di calorie e carboidrati se mixiamo pasta di semola e pasta di legumi possiamo aumentare il peso totale della pasta. Ci spieghiamo meglio con degli esempi.

Se nel piatto metto solo 100 g di pasta di semola ho:

Dose nella ricetta	Alimento	Kcal	Carb.	Prot.	Grassi	Fibre
100 g	Pasta di semola	353	79,1	10,9	1,4	2,7
0 g	Pasta di legumi	0	0	0	0	0
	TOTALE	**353**	**79,1**	**10,9**	**1,4**	**2,7**

Gli stessi carboidrati li otteniamo mettendo nel piatto 50 g di pasta di legumi e 70 g di pasta di semola, nonostante il peso totale della pasta sia 120 g!

Dose nella ricetta	Alimento	Kcal	Carb.	Prot.	Grassi	Fibre
70 g	Pasta di semola	247	55,4	7,6	1,0	1,9
50 g	Pasta di legumi	158	23,5	10,5	3,2	6,8
	TOTALE	**405**	**78,8**	**18,1**	**4,1**	**8,7**

BEVANDA E YOGURT DI SOIA (da p. 139)

La bevanda di soia è uno degli alimenti più versatili della cucina vegetale, ci si preparano un'infinità di ricette: besciamella, vellutate, torte, dolci... tutto contribuisce al raggiungimento del fabbisogno proteico! Usala a piacimento nelle tue ricette.

TEMPEH (da p. 145)

Il tempeh è una preparazione a base di soia, che viene decorticata, cotta e fatta fermentare con un fungo, il *Rhizopus oligosporus*. Il risultato è un panetto compatto e versatile che, insaporito nel giusto modo, diventa incredibilmente gustoso.
È comodo da tenere sempre in frigorifero, anche perché la data di scadenza è spesso abbastanza lunga.

TOFU (da p. 150)

Il tofu viene spesso definito "formaggio vegetale": questo crea tanta confusione perché quando il consumatore lo andrà ad assaggiare, si aspetterà di trovare un sapore anche solo vagamente simile al formaggio, e rimarrà quindi estremamente deluso trovando un prodotto del tutto insapore e assolutamente distante dalla promessa stampata sulla confezione.
Una motivazione per definire il tofu "formaggio vegetale" in realtà c'è, ed è il metodo di preparazione: infatti, sia il latte vaccino che la bevanda di soia, vengono scaldati e viene aggiunto un caglio, ovvero una molecola che agisce cambiando la struttura delle proteine contenute nel latte (che sia vaccino o di soia), facendole passare da una struttura in grado di mantenersi in soluzione con i liquidi a una struttura che invece precipita sul fondo.
Una nave è sempre fatta di legno ma a seconda della forma che le diamo può galleggiare oppure affondare, allo stesso modo, anche le proteine a seconda della struttura che hanno possono mantenersi in soluzione oppure precipitare.
Infine, in entrambi i casi le proteine vengono separate dal liquido e fatte compattare (nel caso del formaggio, questo può essere mangiato così oppure fatto stagionare). Il tofu viene quindi paragonato al formaggio in quanto, appunto, la tecnica produttiva è simile. Ma, dal punto di vista culinario e anche dal punto di vista nutrizionale, sono due prodotti estremamente differenti.
Il tofu può essere insaporito in tanti modi dando così vita a tantissime ricette! È un prodotto soggetto a grande variabilità a seconda del brand: alcuni sono più buoni, altri meno, il consiglio che ti diamo quindi, se il primo approccio non fosse stato dei migliori, è quello di non farti scoraggiare dal primo acquisto ma di riprovare!

ISOLATO PROTEICO (da p. 161)

Come dice la parola stessa, nell'isolato proteico si isolano le proteine dal resto dei composti che formano l'alimento. Se partiamo dai cereali, otteniamo il famoso seitan, composto quindi solo dalle proteine del frumento (ossia il glutine). Mentre se partiamo dai legumi, otteniamo prodotti vari a seconda del procedimento.
Non c'è nulla di male nel consumare questi prodotti, ma teniamo presente che non possono essere messi sullo stesso piano dei legumi perché contengono solo proteine, mentre quando mangiamo i legumi stiamo assumendo anche un'ampia gamma di fitocomposti, antiossidanti e minerali, come rame, zinco, manganese, potassio ecc. Tutti questi preziosi elementi negli isolati proteici vengono persi, e quindi non possiamo scegliere questi prodotti 7 giorni su 7 come fonte di proteine. Tuttavia, non ci sono ulteriori motivi per non consumarli, perciò se la lasagna vegetale con il ragù di seitan ci piace, cuciniamola tranquillamente! L'importante è non usare in modo esclusivo questi alimenti, che spesso vengono addirittura venduti con la dicitura "sostituto della carne". Nel passaggio a una dieta vegetale, spesso il rischio è quello di sostituire completamente le nostre vecchie abitudini alimentari (ragù di carne, gelato alla panna...) con delle alternative vegetali (ragù di seitan, gelato alla soia...), ma non bisogna dimenticarsi che le due cose, da un punto di vista nutrizionale, non si equivalgono!

DOLCI (da p. 166)

Abbiamo deciso di inserire una sezione dedicata ai dolci non tanto perché tu possa trarre da queste ricette una quantità interessante di proteine, quanto piuttosto per farti notare la versatilità dei legumi in cucina. Ci teniamo a sottolineare che le ricette che troverai non contengono legumi in modo "forzato", usandone magari una quantità molto piccola giusto per "fare presenza". In queste preparazioni dolci la presenza del legume è un valore aggiunto: per esempio, nei biscotti al cioccolato e arancia e nel salame al cioccolato abbiamo usato farine senza glutine, e senza la farina di ceci sarebbe stato difficile creare un impasto legato e non fragile!
O ancora, nei brownies soffici ai lamponi e cioccolato sono proprio i fagioli a donare all'impasto una consistenza morbidissima e umida.

RICETTE

LEGENDA

- meal prep
- gluten free
- facilissima
- pranzo fuori
- extragoloso

I burrito sono un tipico piatto messicano, noi li abbiamo fatti in una versione italianizzata con verdurine fresche e fagioli, perfetti per il pranzo in ufficio o all'aperto.

Ingredienti per 2 burrito

80 g di fagioli rossi cotti
80 g di farro cotto
50 g di rucola
2 tortillas
1 pomodoro grande
1 avocado
il succo di 1/2 limone
aceto balsamico
sale

BURRITO all'italiana

PRONTO IN 10 MINUTI

Prepara la crema di avocado prelevando la polpa e schiacciandola insieme a un pizzico di sale e al succo di limone. Scalda per pochi istanti le tortillas, fino a renderle morbide, ma fai attenzione perché non dovranno diventare croccanti.
Versa sulla base delle tortillas la crema di avocado, aggiungi il farro, i fagioli, il pomodoro tagliato a fettine, la rucola e completa con un goccio di aceto balsamico.
Chiudi i burrito e falli tostare su tutti i lati in una padella calda.

MEAL PREP

Farro e fagioli possono essere preparati in anticipo e conservati in frigorifero per 4 giorni. La crema di avocado è comodissima da tenere porzionata in freezer!

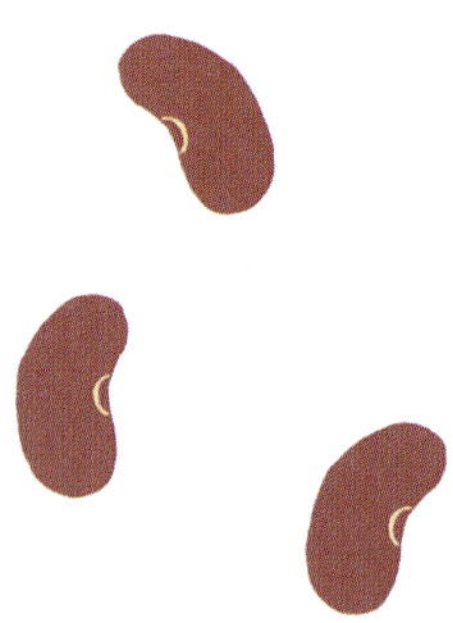

CONSIGLI

Questi burrito sono perfetti per il pranzo fuori casa, chiudili con della carta assorbente da cucina o dell'alluminio per alimenti e portali con te!

Puoi sostituire il legume con:
ceci, fagioli cannellini.

Da quando abbiamo scoperto la magia della maionese fatta in casa, non possiamo non preparare anche la golosissima insalata russa. Questa maionese vegetale e l'aggiunta di yogurt la rendono molto più leggera!

INSALATA RUSSA
allo yogurt

Ingredienti per 4 persone

250 g di piselli surgelati oppure freschi sgranati
125 g di carote
250 g di patate
60 g di maionese vegetale
70 g di yogurt di soia
mix di erbe aromatiche (p. 30)
olio extravergine di oliva
sale

Per la maionese vegetale

1 tazzina di olio di semi
1/2 tazzina di bevanda di soia al naturale
1 cucchiaio di aceto di mele
1 pizzico di curcuma
1 pizzico di sale

In una padella versa le patate e le carote tagliate a cubetti (cerca di fare in modo che i cubetti abbiano tutti la stessa dimensione). Unisci anche i piselli. Aggiungi sale, poco olio extravergine di oliva e il mix di erbe aromatiche. Fai saltare a fuoco vivo per qualche minuto, poi abbassa la fiamma, copri e lascia cuocere per circa altri 10 minuti. Fai attenzione che le verdure non si attacchino alla padella; se dovesse succedere aggiungi qualche cucchiaio di acqua e abbassa ulteriormente la fiamma. Al termine della cottura le patate dovranno risultare morbide. Trasferisci tutto su un piatto e lascia raffreddare. Per preparare la maionese, metti nel boccale del frullatore a immersione tutti gli ingredienti e frulla: in pochi istanti la maionese sarà pronta, spumosa e compatta. A questo punto puoi pesarne la quantità necessaria per l'insalata russa e conservare in frigorifero quella che resta. In una ciotola versa lo yogurt di soia (scegline uno senza zuccheri aggiunti, vaniglia o altri aromi), aggiungi anche la maionese vegetale e le verdure cotte. Mescola tutto e servi secondo la tua fantasia. Noi abbiamo usato un coppapasta per dare la forma e abbiamo accompagnato con dei pomodorini.

MEAL PREP

La maionese può essere conservata in frigorifero in un contenitore per circa 4 giorni.

CONSIGLI

- Le proporzioni tra le diverse verdure possono essere modificate a seconda di quello che hai a disposizione in casa; puoi usare anche verdure differenti, come pomodori, fagiolini, taccole, finocchi, porri, sedano, spinaci, zucca, zucchine.
- Puoi usare anche un mix di legumi.

Puoi sostituire il legume con: cicerchia, roveja, fagioli dall'occhio, fagioli borlotti.

Un modo originale e divertente per servire una bowl: la piadina diventa una ciotola, croccante e gustosa, con all'interno tante verdure colorate, cipolle e fagioli neri.

BOWL
Tex Mex

Ingredienti per 2 persone

200 g di fagioli neri cotti
100 g di riso basmati
200 g di pomodori
2 piadine
1 cipollotto di tropea
4 cucchiai di peperoni e cipolle (p. 100)
4 cucchiai di tzatziki (p. 141)
100 g di rucola o lattughino
1 avocado
il succo di 1/2 di limone
peperoncino piccante in polvere
olio extravergine di oliva
sale, pepe

Cuoci il riso basmati e, una volta cotto, fallo saltare in padella con una presa di sale, olio extravergine di oliva, succo di limone e pepe.
Salta in padella anche i fagioli neri con un pizzico di peperoncino, una presa di sale e un giro d'olio.
Taglia i pomodori e il cipollotto a fettine o pezzetti. Se preferisci puoi mettere il cipollotto a mollo in acqua e aceto per 30 minuti e poi scolarlo bene, prima di usarlo nella bowl.
Disponi la piadina sopra una tortiera e legala con uno spago per farla aderire ai bordi.
Cuoci in forno a 190 °C per circa 10 minuti: dovrà dorarsi e diventare leggermente croccante. Ripeti con l'altra piadina. Una volta fredde manterranno la forma e diventeranno ancora più croccanti.
Metti sul fondo di ogni piadina l'insalata e poi aggiungi il resto degli ingredienti. Taglia l'avocado, preleva la polpa, aggiungi un pizzico di sale, pepe e il succo di limone, schiaccia il tutto o frullalo per ottenere una crema spumosa.
Completa la piadina con la crema di avocado e la tzatziki (p. 141).

MEAL PREP

Trovi la ricetta dei peperoni e cipolle a p. 100.

CONSIGLI

Se vuoi preparare questa ricetta per un pranzo fuori casa taglia la piadina a spicchi in modo da ottenere dei triangolini e cuocili in forno per 10 minuti a 180 °C (o in padella) per renderli croccanti. Porta con te il contenuto della bowl in un contenitore separato e, quando sarà il momento, gusta tutto insieme!

Puoi sostituire il legume con: tutte le varietà di fagioli, ceci.

Ingredienti per 2 persone

200 g di ceci cotti e scolati
400 g di zucca
150 g di patate
2 cucchiai di soffritto fatto in casa (p. 34)
100 g di crema di cocco
riso basmati
prezzemolo fresco
noce moscata
curry, paprica affumicata, curcuma
il succo di 1 limone
olio extravergine di oliva
sale

Un curry dal sapore delicato e avvolgente con una texture cremosa e ricca, il tutto reso speciale da riso basmati e limone fresco.

CURRY
di zucca e patate

Taglia la zucca e le patate a cubetti piccoli. In una padella fai scaldare il soffritto con poco olio, aggiungi le verdure e lascia rosolare per 10 minuti.
Aggiungi 2 bicchieri di acqua, i ceci, il prezzemolo tritato e le spezie nella quantità che più ti piace, una presa di sale e lascia cuocere per altri 10-15 minuti con il coperchio. Le verdure dovranno essere morbide e l'acqua non dovrà evaporare del tutto, quindi se serve aggiungine ancora.
A questo punto unisci la crema di cocco e mescola bene.
Lascia cuocere giusto 5 minuti e accompagna con del riso basmati, che avrai precedentemente cotto in acqua bollente salata, e una spruzzata di succo di limone.

CONSIGLI

- Puoi servire il curry anche con piadine, pane naan o crostini.
- La crema, o latte, di cocco si trova in tutti i supermercati o negozi bio, nel reparto dei cibi etnici. È una crema densa e ricca che si usa di solito per piatti salati come questo.

Puoi sostituire il legume con: tutte le tipologie di fagioli.

BURRITO
ALL'ITALIANA

INSALATA RUSSA ALLO YOGURT

BOWL
TEX MEX

CURRY
DI ZUCCA
E PATATE

PASTA FREDDA
ESTIVA

Questa pasta, colorata e allegra, è perfetta per essere portata sia in ufficio come "schiscetta" sia al mare come pranzo estivo! È una vera ricetta svuotafrigo, infatti gli ingredienti possono essere scelti a piacimento.

PRONTO IN 10 MINUTI

Ingredienti per 2 persone

160 g di ceci cotti e scolati
180 g di pasta
2 cucchiai di succo di limone
50 g di olive nere
150 g di songino
150 g di pomodorini
100 g di mais
125 g di yogurt di soia al naturale
erba cipollina
olio extravergine di oliva
sale grosso

PASTA FREDDA
estiva

Metti sul fuoco l'acqua per la pasta e salala a piacere. In un padellino versa i ceci, 2 cucchiai di olio extravergine di oliva e il succo di limone. Fai saltare in padella fino a che i ceci non avranno assorbito completamente i liquidi e avranno fatto una piccola crosticina croccante (ci vorranno circa 7-10 minuti).
Nel frattempo in una ciotola unisci le olive nere spezzettate, i pomodorini tagliati a cubetti piccoli, il mais, lo yogurt di soia, l'erba cipollina tritata, il songino e l'olio extravergine di oliva.
Cuoci la pasta, scolala leggermente al dente e aggiungila agli altri ingredienti nella ciotola, insieme ai ceci saltati in padella. Mescola bene e servi in tavola.

Puoi sostituire il legume con:
tutte le varietà di fagioli.

Ingredienti per 4 persone

370 g di ceci cotti e scolati
2 cucchiai di amido di mais
1/2 cucchiaino di paprica affumicata
1 pizzico di aglio in polvere
1 cucchiaino raso di mix di erbe aromatiche (p. 30)
1 cucchiaio di olio extravergine di oliva
sale

I ceci croccanti sono davvero una delizia! E sono stati proprio loro la primissima ricetta che abbiamo preparato e postato sul web. Croccanti, speziati e saporiti.

CECI
uno tira l'altro

L'ideale sarebbe togliere la pellicina ai ceci ma, se non ne hai voglia, puoi lasciarla. Però fai attenzione: alcuni ceci con la pellicina in forno potrebbero "scoppiare" come i pop corn! Non è nulla di pericoloso, però se dovesse capitare significa che devi abbassare la temperatura.
In una ciotola mescola tutti gli ingredienti: l'amido, la paprica, il mix di erbe aromatiche, il sale, l'olio e l'aglio in polvere. Aggiungi i ceci e mescola ancora. Distribuisci il composto su una teglia foderata di carta da forno e cuoci a 180 °C per 40 minuti in forno ventilato. Di tanto in tanto puoi girare i ceci per garantire la migliore cottura.

CONSIGLI

Questi ceci sono perfetti per gli aperitivi o per dare un tocco in più alle insalate.

La semplicità vince sempre e le lenticchie in umido ne sono un perfetto esempio, un piatto povero ma dal sapore intenso e corposo. Servile con dei crostini di pane e del buon olio extravergine di oliva a crudo.

Ingredienti per 4 persone

300 g di lenticchie secche
3 cucchiai di soffritto fatto in casa (vedi p. 34)
1 rametto di rosmarino
1 cucchiaino raso di mix di erbe aromatiche (vedi p. 30)
700 ml di salsa di pomodoro
olio extravergine di oliva
sale

LENTICCHIE
in umido al pomodoro

Passaggio facoltativo: setaccia le lenticchie in modo da essere sicuro che non ci siano sassolini o impurità. Mettile in ammollo per circa un'ora.
Nella pentola a pressione fai sfrigolare per un minuto il soffritto, un rametto di rosmarino, il mix di erbe aromatiche e il sale, aggiungi le lenticchie scolate e sciacquate e fai andare per un altro minuto. Aggiungi 600 ml di acqua, chiudi il coperchio della pentola a pressione e lascia sul fuoco per 12 minuti dal fischio. In alternativa, puoi cuocere le lenticchie anche in una pentola normale, aggiungendo 200 ml di acqua in più e prolungando la cottura di 15 minuti: anche in questo caso copri con il coperchio.
Passati i 12 minuti apri la valvola della pentola a pressione, aggiungi la salsa di pomodoro e dell'olio extravergine di oliva e prosegui la cottura senza coperchio per altri 10 minuti, girando per non far attaccare. Infine regola di sale e servi con dei crostini e un giro di olio crudo.

MEAL PREP

Le lenticchie hanno un tempo di cottura che può variare a seconda della qualità, quindi se al termine della cottura indicata le lenticchie risultano ancora dure prolunga la cottura e, se necessario, aggiungi altri liquidi.

CONSIGLI

Conserva le lenticchie cotte in frigorifero: oltre a essere ottime così al naturale, possono anche venire usate per tante ricette, come per esempio burger e polpette, zuppe e primi piatti.
Provale nella preparazione della Shepherd's pie a p. 80.

Ingredienti per 8-10 samosa

8-10 fogli di pasta fillo
200 g di pisellini cotti
150 g di carote
250 g di patate
1 pezzetto di zenzero fresco
curcuma
garam masala o curry
paprica
olio extravergine di oliva
sale, pepe

I samosa sono dei buonissimi triangolini di pasta fillo, ripieni di verdure e di tantissime spezie, tipici della cucina indiana. La prima volta li abbiamo provati proprio in un ristorante indiano, e ce ne siamo innamorate: eccoli in una versione meno speziata di quella originale, ma comunque buonissima.

SAMOSA

con patate, carote e pisellini

Lava e taglia le patate e le carote a piccoli cubetti. Mettile in padella con i pisellini, olio extravergine di oliva, le spezie, lo zenzero grattugiato, sale e pepe e cuoci a fuoco vivace per 10 minuti.
Aggiungi mezzo bicchiere di acqua e cuoci per altri 10 minuti, quindi lascia raffreddare.
Prendi un foglio di pasta fillo, piegalo a metà per il lato lungo, ottenendo una striscia.
Metti all'inizio della pasta un cucchiaio abbondante di farcitura e ripiega il foglio prendendo l'angolo in alto a sinistra e portandolo in basso al punto opposto, a destra, otterrai così un triangolo (garantiamo che è più facile a farsi che a dirsi!). Ripeti l'operazione con tutti i fogli di pasta fillo.
Disponi i samosa su una teglia. Spennella la superficie con pochissimo olio e inforna a 180 °C per circa 8-10 minuti.

MEAL PREP

Puoi preparare i samosa e metterli in freezer da crudi, così da averli sempre pronti a portata di mano. Quando vuoi servirli, infornali direttamente congelati, la cottura sarà comunque velocissima!

CONSIGLI

- I samosa possono essere usati sia come contorno, per mangiare in modo diverso le verdure, sia come aperitivo sfizioso.
- Puoi preparare questi fagottini anche con altre verdure: non saranno i samosa originali, ma saranno pur sempre buonissimi! Provali con zucchine, melanzane e peperoni, oppure spinaci o erbe di campo o ancora funghi e zucca.
- Per farli tornare croccanti, basta scaldarli per pochi minuti in padella da entrambi i lati.

Semplici e gustose, le bruschette sono un salva pasto ideale, che sia il pranzo, la cena... ma anche lo spuntino!

Te le presentiamo con cannellini ripassati in padella e cavolo nero, che in forno diventa croccante e buonissimo.

Ingredienti per 10 bruschette

- 10 fette di pane integrale a lievitazione naturale
- 250 g di cavolo nero
- 320 g di cannellini
- aglio in polvere
- 200 g di salsa di pomodoro
- origano
- 2 cucchiai di olio extravergine di oliva
- sale

BRUSCHETTE
con cannellini e cavolo nero

Lava le foglie di cavolo nero e privale della costa interna, tagliale a fettine sottili e falle saltare in padella per 10 minuti con un filo d'olio extravergine di oliva, una spolverata di aglio in polvere e un pizzico di sale. Aggiungi anche i cannellini e prosegui la cottura per altri 5 minuti.
Nel frattempo affetta del buon pane integrale e disponi le fette su una teglia rivestita di carta da forno.
In una ciotola condisci la salsa di pomodoro con olio, sale e origano ed emulsiona bene.
Stendi un velo di salsa sopra ogni fetta e aggiungi il cavolo nero con i cannellini. Cuoci in forno a 180 °C per 10 minuti, giusto il tempo di far diventare croccanti le fette di pane, e servi.

CONSIGLI

Puoi realizzare queste bruschette anche con un'altra verdura, oppure solo con salsa di pomodoro e cannellini.

Puoi sostituire il legume con:
ceci, fagioli borlotti.

MEAL PREP

La ribollita può essere preparata in grandi quantità e conservata in frigorifero o in freezer. Poi dovrai solo scaldarla e accompagnarla con olio extravergine di oliva.

Ingredienti per 4 persone

400 g di fagioli cannellini cotti
10 g di cipolla o scalogno
1 foglia di alloro
1 rametto di rosmarino
150 g di cavolo nero
150 g di verza
100 g di bieta
250 g di patate
150 g di carote
peperoncino piccante in fiocchi
1,5 l di acqua o brodo vegetale
2 cucchiai di concentrato di pomodoro
8 fette di pane integrale
olio extravergine di oliva
sale

Tante verdure, legumi e pane casereccio: cosa ti viene in mente? Una buonissima zuppa! Ecco la nostra "ribollita", semplice da fare e gustosa da mangiare.

La nostra RIBOLLITA

In una pentola o casseruola fai scaldare per 2-3 minuti la cipolla (o scalogno) con olio extravergine di oliva, una foglia di alloro e un rametto di rosmarino, oppure usa delle erbe aromatiche miste in polvere.
Lava, pela e taglia a cubetti regolari tutte le verdure: carote, patate, verza, bietole e naturalmente il cavolo nero, di cui bisogna ricordarsi di togliere la costa centrale della foglia!
Rimuovi la foglia di alloro e aggiungi le verdure in pentola. Fai saltare a fiamma viva per pochi minuti, mescolando frequentemente. Versa l'acqua o il brodo vegetale, aggiungi il sale, il concentrato di pomodoro e fai cuocere a fuoco dolce per 30 minuti, fino a che le verdure non saranno morbide.
Frulla con un frullatore a immersione metà dei fagioli cotti con 500 ml di acqua (se ce l'hai a disposizione, usa l'acqua in cui li hai cotti, se invece sono fagioli in scatola aggiungi acqua pulita). Versa i fagioli frullati e i fagioli interi nella pentola e prosegui la cottura per altri 15 minuti: la zuppa deve risultare molto liquida; se necessario aggiungi del brodo vegetale.
Affetta il pane prima a fette sottili e poi a cubetti. Scegli un pane integrale e a lievitazione naturale, ancora meglio se raffermo. Versalo nella pentola e lascia cuocere fino a che non inizierà a sfaldarsi; ci vorranno 5-10 minuti. Regola di sale.
Servi con un generoso giro d'olio extravergine di oliva, altri crostini di pane e peperoncino in fiocchi.

CONSIGLI

- Le proporzioni tra le diverse verdure possono essere modificate a seconda di quello che hai a disposizione in casa; puoi usare anche verdure differenti, come pomodori, fagiolini, taccole, finocchi, porri, sedano, spinaci, zucca, zucchine.
- Puoi usare anche un mix di legumi.

Puoi sostituire il legume con: cicerchia, roveja, fagioli dall'occhio, fagioli borlotti.

Ecco un secondo piatto unico e speciale. Le sue origini sono inglesi e la ricetta originale prevede tra gli ingredienti una sorta di ragù di carne, che noi abbiamo sostituito con delle buonissime lenticchie in umido; ci sono poi tante patate e una lenta cottura in forno. Una delizia!

SHEPHERD'S PIE

Ingredienti per 5-6 persone

400 g di lenticchie secche
1 kg di patate
300 g di funghi
350 ml di passata di pomodoro
350 ml di polpa di pomodoro
2 cucchiai di soffritto fatto in casa (p. 34)
1 spicchio di aglio
1 rametto di rosmarino
4 rametti di timo
2 foglie di salvia
1 foglia di alloro
noce moscata
olio extravergine di oliva
sale

Per prima cosa lega con uno spago le erbe aromatiche in modo da formare un unico "rametto".
Metti in ammollo le lenticchie per 30-60 minuti.
In un tegame fai scaldare il soffritto con poco olio, aggiungi le lenticchie scolate, una presa di sale, le erbe aromatiche fresche, l'aglio, la polpa di pomodoro, la passata e 650 ml di acqua.
Copri e lascia cuocere per 30-40 minuti. Togli l'aglio a metà cottura.
In una padella taglia i funghi a fettine e falli saltare con un filo di olio e un pizzico di sale. Quando avranno perso tutta l'acqua di cottura, lasciali rosolare per pochi minuti e poi uniscili al sugo.
Intanto cuoci le patate, bollite o al vapore. Schiacciale e riducile in purè, aggiungi una presa di sale, olio extravergine di oliva e un pizzico di noce moscata.
In 2 teglie da 20×30 cm versa le lenticchie e aggiungici sopra il purè di patate, livella bene e completa con un filo d'olio in superficie.
Inforna a 185 °C per 30 minuti e termina la cottura con 5 minuti di grill.

MEAL PREP

La Shepherd's pie si presta molto bene a essere congelata, ti consigliamo in questo caso di prepararla all'interno di piccole vaschette e cuocerla normalmente. Quando si sarà completamente raffreddata mettila in freezer e al momento del bisogno scaldala in forno.

CONSIGLI

- Questo piatto è ottimo anche mangiato a temperatura ambiente, per questo può diventare un pranzo fuori casa perfetto!
- Se il purè di patate risulta troppo compatto puoi aggiungere un po' di acqua o latte. Aiutati a stenderlo con una sac à poche.

Puoi sostituire il legume con: fagioli, lenticchie rosse.

Un piatto dal sapore delicato e aromatico, ecco le trofie con zucchine e ceci, tanto semplici quanto gradite in tavola!

Ingredienti per 2 persone

300 g di ceci cotti e scolati
140 g di trofie
2 zucchine
cipolla
700 ml di brodo vegetale
2 cucchiai di salsa di soia (facoltativa)
mix di erbe aromatiche (p. 30)
2 cucchiai di olio extravergine di oliva
sale

TROFIE
con ceci e zucchine

Metti su l'acqua per la pasta; lava e taglia le zucchine a cubetti. In una padella fai rosolare la cipolla tritata finemente con olio, salsa di soia (o sale) e il mix di erbe aromatiche secche. Aggiungi alla padella le zucchine e fai ammorbidire per 10 minuti. Poi aggiungi i ceci e fai saltare per altri 5 minuti.
Butta la pasta nell'acqua bollente, dopo averla leggermente salata, e cuoci fino a metà cottura.
Scola la pasta e aggiungila alla padella con le zucchine e i ceci; unisci anche il brodo vegetale (o, se preferisci, l'acqua di cottura della pasta).
Per una cottura omogenea, mescola spesso e/o tieni un coperchio sulla padella.
Regola di olio e sale (se necessario) e servi.

Puoi sostituire il legume con:
fagioli cannellini.

Una bowl ricca di colori e sapori, con cavolo cappuccio rosso, quinoa e un buonissimo hummus alla zucca, delicato ma al tempo stesso dal sapore unico.

BOWL arcobaleno

Ingredienti per 2 persone

Per la zucca al forno

400 g di zucca mantovana o butternut
mix di erbe aromatiche (p. 30)
olio extravergine di oliva
sale

Per il cavolo cappuccio

350 g di cavolo cappuccio
1 cucchiaio di aceto balsamico
2 cucchiai di succo di limone
2 cucchiai di olio extravergine di oliva
sale

Per l'hummus alla zucca

250 g di ceci cotti e scolati
50 g di carciofini sottolio
25 ml di succo di limone
20 g di tahina
150 g di zucca cotta al forno
1 pizzico di curcuma

Per completare

quinoa cotta
falafel espressi (p. 124)
rucola
semi oleosi a piacere
olio extravergine di oliva

Lava la zucca e tagliala a fettine di circa un centimetro di spessore. Disponi le fette su una teglia rivestita di carta da forno, distribuisci in modo omogeneo l'olio extravergine di oliva, il sale e le erbe aromatiche. Cuoci in forno ventilato per 20-25 minuti a 180 °C: la zucca dovrà risultare morbida e alcuni pezzettini dovranno risultare leggermente abbrustoliti.
Lava il cavolo cappuccio rosso e taglialo a metà. Con il pelapatate inizia a tagliarlo alla julienne e mettilo in una ciotola capiente. Fallo marinare con abbondante succo di limone, olio extravergine di oliva, aceto balsamico e un pizzico di sale. Lascia riposare il tutto dai 10 ai 30 minuti.
Nel boccale del frullatore a immersione versa tutti gli ingredienti per l'hummus: i ceci, i carciofini sottolio, il succo di limone, la tahina, la curcuma e la zucca cotta al forno necessaria. Frulla gli ingredienti fino a ottenere una consistenza omogenea.
Non rimane che assemblare la bowl! In una ciotola o in un piatto fondo disponi un po' di quinoa cotta, il cavolo cappuccio marinato, i falafel espressi, che trovi a p. 124, un po' di rucola, la zucca cotta al forno rimanente, e l'hummus di zucca. Completa con un giro di olio extravergine di oliva e un mix di semi oleosi: sesamo, girasole e papavero.

CONSIGLI

Preparare questa bowl da zero richiede tanto tempo, ma è un piatto che si realizza molto facilmente se abbiamo già la quinoa cotta in frigorifero e i falafel espressi pronti. Queste sono preparazioni molto comode da inserire in un meal prep.

Puoi sostituire il legume con: fagioli cannellini.

Ingredienti per 2 persone

240 g di fagioli cannellini cotti
450 g di patate
200 g di funghi champignon
10 g di funghi porcini secchi
20 g di scalogno
1 l di acqua
1 cucchiaio di salsa di soia
1 bustina di zafferano
rosmarino, salvia
olio extravergine di oliva
sale

Ecco una vellutata semplice e saporitissima, preparata con pochi ingredienti e resa speciale dallo zafferano, che, insieme alle patate e ai funghi, le dona una nota particolare.

VELLUTATA
di patate, zafferano e funghi

Pela le patate e tagliale a cubetti, mettile in un tegame con un filo di olio extravergine di oliva, le erbe aromatiche fresche e lo scalogno tritato. Fai rosolare il tutto.
Aggiungi i fagioli cotti e scolati, la salsa di soia, l'acqua, una presa di sale e copri con un coperchio. Cuoci per 25 minuti.
Nel frattempo metti in ammollo i funghi secchi e taglia i funghi freschi a fettine.
Cuoci i funghi freschi in padella con un giro d'olio e una presa di sale. Lascia rosolare per 10 minuti, poi aggiungi i funghi secchi reidratati e cuoci per altri 5 minuti.
Quando le patate saranno morbide, frullale con un frullatore a immersione.
Rimetti sul fuoco, aggiungi lo zafferano e una parte di funghi, lascia cuocere per 5 minuti e impiatta con gli altri funghi arrostiti e un giro d'olio a crudo.

CONSIGLI

Se usi lo zafferano in pistilli mettilo in ammollo in un mestolino di acqua calda prima di iniziare a preparare la ricetta, così avrà il tempo di ammorbidirsi e sprigionare i suoi aromi e colori.

Puoi sostituire il legume con: fagioli borlotti, ceci.

Una torta salata sontuosa! Perfetta per la cena, oppure per il pranzo fuori, è buonissima anche fredda! Si adatta molto bene a picnic e cene con gli ospiti.

Ingredienti per 4 persone

370 g di ceci cotti e scolati
1 rotolo di pasta brisée
1 zucchina
1 melanzana lunga
100 g di pomodori
70 ml di bevanda di soia
1 rametto di rosmarino
mix di erbe aromatiche (p. 30)
olio extravergine di oliva
sale

CROSTATA
ratatouille

Prepara la base frullando ceci, bevanda di soia, olio, sale, erbe aromatiche secche e rosmarino fresco. Otterrai una crema compatta e spumosa.
Taglia le verdure a fette quanto più sottili possibile.
Apri il rotolo di pasta brisée e disponilo all'interno di una tortiera.
Metti sulla base la crema di ceci e livella bene aiutandoti con una spatola o con il dorso di un cucchiaio. Aggiungi le fette di verdure alternandole tra loro.
Cerca di non sovrapporle troppo, così si potranno cuocere bene e in modo uniforme.
Spennella la superficie con un po' di olio e un pizzico di sale.
Copri con un foglio di alluminio per alimenti e metti in forno a 185 °C per 25 minuti. Poi togli l'alluminio e lascia cuocere per altri 15 minuti.

Puoi sostituire il legume con:
fagioli cannellini, fagioli borlotti.

Ingredienti per 2 persone

370 g di ceci cotti e scolati
60 g yogurt di soia al naturale
40 g di maionese vegetale (p. 65)
50 g di olive nere o verdi in salamoia
130 g di pomodorini datterini
erba cipollina
prezzemolo
1 cucchiaino di succo di limone
lattuga, rucola o songino
capperi

Ecco una ricetta che ti conquisterà! La tuna salad, ma senza tonno: solo ceci, spezie, yogurt e pomodorini, un contorno molto originale e incredibilmente gustoso.

TUNA SALAD...
senza tonno

PRONTO IN 5 MINUTI

Iniziamo con un passaggio facoltativo, ma fortemente consigliato: togli la pellicina ai ceci.
In una ciotola versa i ceci spellati, lo yogurt (senza zucchero né aromi aggiunti), la maionese e poi rompi i ceci con una forchetta fino a ottenere una purea. Aggiungi anche le olive private del nocciolo e tagliate a pezzettini, i pomodorini datteri tagliati a cubetti, erba cipollina, prezzemolo, il succo di limone e capperi tritati al coltello. Mescola tutto e utilizza il composto per farcire dei panini aggiungendo la tua insalata preferita.

CONSIGLI

Puoi usare questa finta insalata di tonno anche per farcire delle piadine.

Puoi sostituire il legume con: se spellare i ceci è un'operazione troppo lunga, puoi usare metà fagioli cannelli, a cui non è necessario togliere la buccia, e metà ceci (a cui ti consigliamo di togliere la buccia): in questo modo l'operazione sarà più veloce.

L'hummus di melanzane è una versione estiva e buonissima del classico hummus. È in assoluto il nostro preferito! Le melanzane, cotte nel forno, gli donano un aroma intenso e speciale.

HUMMUS di melanzane

Ingredienti per 4 persone

- 250 g di fagioli cannellini cotti
- 400 g di melanzane (250 g se già cotte)
- 40 g di tahina
- 30 g di succo di limone
- 40 g di carciofini sottolio
- 1 cucchiaio di salsa di soia (facoltativa)
- mix di erbe aromatiche (p. 92)
- 1 rametto di maggiorana fresca
- 2 foglie di menta fresca
- 2 cucchiai di olio extravergine di oliva
- sale

Lava le melanzane e tagliale prima a metà e poi in quarti, nel senso della lunghezza. Disponile su una teglia ricoperta di carta da forno con la buccia rivolta verso la teglia.
Distribuisci uniformemente un giro di olio extravergine di oliva, salsa di soia (o sale) e il mix di erbe aromatiche.
Cuoci in forno a 180 °C per 20-25 minuti.
Lascia raffreddare leggermente le melanzane e poi mettile nel boccale del frullatore a immersione con il resto degli ingredienti: fagioli cannellini, tahina, succo di limone, carciofini, maggiorana, menta e sale.
Frulla tutto fino a ottenere un composto omogeneo e servi con verdure fresche e una piadina tostata.

Puoi sostituire il legume con: ceci.

MEAL PREP

Le melanzane preparate in questo modo si mantengono in frigorifero per 4 giorni e possono essere utilizzate in tantissimi piatti. Le puoi cuocere in anticipo per averle sempre pronte in frigorifero, così questo hummus sarà davvero velocissimo da fare!

Ingredienti per 4 cotolette

230 g di ceci cotti
e scolati
20 g di farina di ceci
100 g di carote
60 ml di bevanda di soia
20 g di pangrattato
10 g di semi di lino tritati
aglio in polvere
mix di erbe aromatiche
(p. 30)
olio extravergine di oliva
sale, pepe

Per la pastella

30 g di farina di ceci
50 ml di acqua

MEAL PREP

Queste cotolette sono perfette per essere conservate in freezer già cotte. Si mantengono per circa 4 mesi.
In questo modo avrai sempre a disposizione un pasto sfizioso.

Diciamocelo, a chi non piacciono le cotolette? Proprio a nessuno. In questa versione le prepariamo con carote e ceci, ma niente paura, non aspettarti qualcosa di insipido... il risultato sono delle "simil-cotolette" che conquisteranno tutti.

COTOLETTE di ceci

In un frullatore versa i ceci, le carote e la bevanda di soia, frulla tutto fino a ottenere un composto omogeneo. Trasferisci l'impasto in una ciotola, aggiungi i semi di lino, la farina di ceci, il pangrattato, sale, pepe, olio, aglio in polvere e mix di erbe aromatiche. Mescola il tutto: il composto dovrà essere malleabile. Dopo aver mescolato aspetta 5 minuti in modo tale che questi ingredienti abbiano il tempo di assorbire i liquidi.
Forma delle palline e poi schiacciale per dar loro la forma di cotolette. Fai attenzione a non farle né troppo sottili né troppo spesse: dovranno essere alte circa 1,5 centimetri.
Prepara la pastella: basterà mescolare la farina di ceci con l'acqua.
Tenendo in mano ogni cotoletta, distribuisci con un pennello la pastella su un lato, versaci sopra il pangrattato, fai aderire bene e infine fai cadere l'eccesso. Gira la cotoletta sulla mano, distribuisci la pastella anche sull'altro lato e ripeti l'operazione con il pangrattato. Cuoci le cotolette su una padella calda con olio extravergine di oliva, per 5-7 minuti su ogni lato.

CONSIGLI

Mangia le cotolette di ceci calde, con una spruzzata di limone fresco.

Puoi sostituire il legume con:
lenticchie, fagioli.

Un piatto cremoso dal sapore delicato e primaverile: ecco l'orzotto con asparagi e zucchine. Se usi le prime zucchine della stagione il piatto sarà ancora più gustoso perché sono piccole, croccanti e molto dolci.

ORZOTTO CREMOSO
agli asparagi

Ingredienti per 2 persone

150 g di orzo
160 g di fagioli cannellini cotti
350 g di asparagi
120 g di zucchine
2 cucchiai di soffritto fatto in casa (p. 34)
1 cucchiaino raso di mix di erbe aromatiche (p. 30)
1 cucchiaio di salsa di soia (facoltativa)
350 ml di brodo vegetale (o acqua)
2 cucchiai di olio extravergine di oliva
sale

Inizia mettendo in ammollo l'orzo, basta anche una mezzoretta: se hai fretta, puoi anche saltare questo passaggio, al limite la cottura si allungherà di qualche minuto.
Lava e taglia le zucchine a cubetti e pulisci gli asparagi, sbucciando con un pelapatate la parte inferiore e poi tagliandoli a rondelle.
In una padella, scalda per pochi minuti il soffritto con olio, il mix di erbe aromatiche e salsa di soia (o sale). Aggiungi quindi le verdure tagliate e fai saltare giusto un minuto a fuoco vivo.
Unisci in padella l'orzo, dopo averlo sciacquato e scolato.
Frulla con il frullatore a immersione i fagioli cannellini insieme al brodo vegetale e aggiungi il risultato in padella. Copri e mescola di tanto in tanto.
Se a un certo punto il cereale ha assorbito tutti i liquidi, ma è ancora duro, aggiungi brodo o acqua fino a completamento della cottura. A cottura ultimata aggiusta di sale e servi l'orzotto caldo.

MEAL PREP

Questo orzotto si presta molto bene a essere conservato in frigorifero.
Puoi anche scegliere di raddoppiare le dosi, così da averlo pronto per i giorni seguenti.

CONSIGLI

- Al posto delle zucchine puoi inserire i piselli.
- Al posto dell'orzo puoi usare anche altri cereali, come farro, avena in chicchi, riso integrale o un mix di questi cereali...

Ingredienti per 4 friselle

4 friselle
245 g di fagioli cannellini cotti
40 g di carciofini sottolio
pomodorini pachino
50 g di basilico
30 g di tahina
20 g di succo di limone
origano essiccato
1 cucchiaio di aceto di mele
olio extravergine di oliva
sale

Quando l'estate diventa una ricetta...
le friselle ci riportano subito con la mente al mare, in una bella giornata di sole, con i pomodorini rossi e saporiti e il basilico profumato.

FRISELLE
con hummus al basilico

PRONTO IN 5 MINUTI

Nel boccale del frullatore a immersione versa i fagioli cannellini, i carciofini, il basilico lavato, la tahina, il succo di limone e 20 g di acqua. Frulla bene fino a ottenere una consistenza omogenea.
In una ciotola versa 300 ml di acqua e l'aceto di mele. Immergi le friselle nel liquido per pochi secondi e poi disponile su un piatto.
Lava i pomodorini pachino e tagliali a cubetti abbastanza piccoli. Condisci con abbondante olio extravergine di oliva, un pizzico di sale e una generosa quantità di origano.
Componi il piatto mettendo alla base delle friselle l'hummus al basilico e completando con tanti pomodorini conditi.

CONSIGLI

Se non hai il basilico o non è di stagione puoi sostituirlo con la rucola.

Puoi sostituire il legume con: ceci.

Questi burger sono appetitosi e facili da preparare, noi li abbiamo messi in un panino per un risultato extragoloso.

BBQ BURGER
con peperoni e cipolle

Sciacqua la quinoa per eliminare le saponine che ricoprono il seme, oppure mettila in ammollo per 10-15 minuti e poi sciacquala bene. Falla cuocere in un pentolino con 300 ml di acqua e una presa di sale, chiudi con un coperchio e continua la cottura per 3-5 minuti da quando bolle, poi lascia raffreddare per almeno 30 minuti, tenendo coperto. Frulla i fagioli neri, la quinoa, i semi di lino, la salsa di soia e le spezie fino a ottenere un composto omogeneo, quindi trasferiscilo in una ciotola e aggiungi il pangrattato. Mescola bene e lascia riposare per 5 minuti. Forma le polpette aiutandoti con le mani leggermente inumidite. Disponile su una teglia ricoperta di carta da forno e cuocile a 180 °C per 25 minuti in forno statico.

Taglia a fettine sottili sia i peperoni che le cipolle e condiscili con l'olio, la salsa di soia, lo zucchero, aglio e il mix di erbe aromatiche. Mescola aiutandoti anche con le mani e distribuisci il tutto su una teglia ricoperta di carta da forno, avendo cura di non sovrapporre le verdure, in modo tale che stiano su un unico strato. Cuoci a 180 °C in forno ventilato per circa 15 minuti. Le verdure, una volta cotte, tenderanno a bruciacchiarsi se tenute più a lungo in forno: dopo 10 minuti controlla spesso come procede la cottura. Quando saranno pronte aggiungi l'aceto, mescola e lascia intiepidire.

Componi i burger alternando insalata, pomodoro, polpette, peperoni e cipolle e le salse.

Puoi sostituire il legume con:
tutte le varietà di fagioli, ceci.

Ingredienti per 6 burger

240 g di fagioli neri
100 g di quinoa
2 cucchiaini di semi di lino tritati
60 g di pangrattato
chili, zenzero
salsa di soia
sale

Per peperoni e cipolle

100 g di cipolle di tropea
100 g di peperoni cornetto rosso
aglio in polvere
mix di erbe aromatiche (p. 30)
2 cucchiai di salsa di soia (o sale)
1 cucchiaino di zucchero di canna
2 cucchiai di aceto balsamico
2 cucchiai di olio extravergine di oliva

Per il panino

6 panini per burger (senza glutine)
100 g di rucola
2 pomodori grandi
maionese vegetale (p. 65)
ketchup

MEAL PREP

Questi burger sono perfetti per essere conservati in freezer o in frigorifero per averli sempre pronti e a portata di mano. Anche i peperoni e le cipolle possono essere conservati in frigorifero e usati per altre ricette: per esempio li puoi aggiungere alla bowl Tex Mex di p. 66.

Ingredienti per 2 persone

200 g di fagioli cannellini cotti
250 g di orecchiette fresche
2 zucchine
100 g di pomodorini
4 cucchiai di bevanda di soia (o acqua di cottura della pasta)
mix di erbe aromatiche (p. 30)
olio extravergine di oliva
sale

I legumi ci sono, ma non si vedono! Ecco un trucchetto furbo per nasconderli e ottenere un primo piatto buonissimo e molto facile da preparare.

ORECCHIETTE
con crema di cannellini

PRONTO IN 10 MINUTI

Taglia a cubetti le zucchine e i pomodorini, saltali in padella con olio extravergine di oliva e sale per 10 minuti.
Frulla i cannellini con il mix di erbe aromatiche, un cucchiaio di olio extravergine e la bevanda di soia, che puoi sostituire se preferisci con 4 cucchiai di acqua di cottura della pasta che avrai cotto nel frattempo, scolandola leggermente al dente. Versa la pasta in padella e manteca con la crema di cannellini per pochi minuti.
Impiatta e servi la pasta calda o tiepida.

CONSIGLI

Puoi usare le verdure che preferisci oppure quelle di stagione! Provala anche con melanzane, peperoni, carciofi, broccoletti, carote, verza o fagiolini.

Puoi sostituire il legume con:
ceci, fagioli bianchi di Spagna.

Questo polpettone è strepitoso e anche bellissimo da vedere. La crosta croccante di pasta sfoglia racchiude un ripieno morbido e saporito, reso unico dal contrasto con le albicocche e le prugne secche.

POLPETTONE
in crosta con castagne e prugne

Per cuocere le castagne effettua un taglio su ogni castagna, non troppo profondo, immergile in acqua calda e lasciale ammorbidire per almeno un'ora. Trasferisci le castagne con il taglio rivolto verso l'alto su una teglia rivestita di carta da forno e cuocile in forno a 180 °C per circa 30 minuti. Rimuovi la buccia e tritale grossolanamente. Frulla i cannellini con la bevanda di soia e trasferisci il composto in una ciotola, trita la frutta disidratata (albicocche e prugne) e aggiungila all'impasto insieme alle castagne cotte spezzettate grossolanamente. Unisci la farina di lenticchie, il pangrattato, i semi di lino, olio, sale, mix di erbe aromatiche, aglio in polvere, noce moscata e paprica affumicata.
Apri il rotolo di pasta sfoglia, versa al centro l'impasto e richiudi la pasta avvolgendolo completamente e sigillando i bordi.
Prepara la pastella per spennellare il polpettone mescolando la bevanda di soia, olio, sale e un pizzico di curcuma.
Spennella la superficie e incidila delicatamente, ma senza tagliarla, con un coltello.
Inforna a 180 °C per 30 minuti e servi.

CONSIGLI

Puoi accompagnare il polpettone con una salsa calda o con verdure al forno.

Puoi sostituire il legume con: ceci, fagioli borlotti.

Ingredienti per 10 fette

300 g di fagioli cannellini cotti
1 rotolo di pasta sfoglia
160 g di castagne
60 g di albicocche secche
60 g di prugne secche
40 g di farina di lenticchie
80 ml di bevanda di soia
20 g di pangrattato
1 cucchiaino di semi di lino tritati (facoltativo)
1 pizzico di aglio in polvere
paprica affumicata
noce moscata
mix di erbe aromatiche (p. 30)
olio extravergine di oliva
sale

Per spennellare

2 cucchiai di bevanda di soia
curcuma
olio extravergine di oliva
sale

MEAL PREP

Tagliato a fette può essere conservato in freezer fino a 4 mesi oppure in frigorifero fino a 4 giorni.
Il polpettone in crosta è perfetto per una cena da preparare in un attimo o un pranzo fuori casa.

Ingredienti per 2 persone

120 g di lenticchie rosse decorticate
2 cucchiai di soffritto fatto in casa (p. 34)
curry, paprica, curcuma
1 cucchiaio di zenzero grattugiato fresco
50 g di crema di cocco
prezzemolo fresco
succo di limone
riso basmati
olio extravergine di oliva
sale

Nella lista dei piatti che prepariamo almeno una volta alla settimana (e a volte anche di più), c'è sicuramente il dahl di lenticchie rosse, cremoso e avvolgente.

DAHL
di lenticchie rosse

In una padella fai sfrigolare per qualche minuto 2 cucchiai di soffritto con un giro d'olio.
Aggiungi le lenticchie rosse decorticate, le spezie nella quantità che preferisci, sale, zenzero e copri con circa 400 ml di acqua. Chiudi con il coperchio e lascia cuocere per 20 minuti, mescolando di tanto in tanto.
Aggiungi la crema di cocco e lascia sul fuoco per altri 7 minuti.
Una volta tolto dal fuoco, il dahl è pronto per essere impiattato.
Accompagna il dahl di lenticchie con del riso basmati, che avrai precedentemente cotto in acqua bollente salata, prezzemolo fresco tritato e, per esaltare al massimo il sapore, una spruzzata di succo di limone.

CONSIGLI

La crema di cocco, detta anche latte di cocco, è una crema spesso utilizzata nelle cucine tradizionali orientali. Puoi trovarla facilmente nel reparto dei cibi etnici dei supermercati e in tutti i negozi bio.

Lo sapevi che le fave cotte e ridotte in crema sono state la base della nostra alimentazione per anni? Il "macco di fave" è addirittura stato inserito nella lista dei prodotti agroalimentari tradizionali italiani; ecco la nostra versione.

PURÈ DI FAVE

ed erbe di campo ripassate

Per prima cosa metti in ammollo le fave per un'ora. In una casseruola trita le carote e la cipolla, aggiungi 25 ml di olio extravergine di oliva, 7 g di sale, il mix di erbe aromatiche e soffriggi per qualche minuto. Aggiungi al soffritto le fave scolate e un litro di acqua, inizialmente tieni coperto, così arriverà velocemente a bollore. Poi scopri e fai cuocere dolcemente per circa 40 minuti, mescolando di tanto in tanto. Quando saranno pronte, le fave si dovranno rompere con la forchetta.

Pulisci le erbe di campo e falle sbollentare in poca acqua per 15-20 minuti, il tempo necessario cambia in base alla varietà di verdura usata, ma alla fine dovranno essere morbide. Scolale bene dall'acqua di cottura e ripassale in padella con una presa di sale e un giro di olio extravergine di oliva.

Quando le fave saranno pronte, frullale con un frullatore a immersione direttamente nella casseruola, fino a ottenere una crema completamente liscia. Servi accompagnando con la verdura ripassata in padella, un filo d'olio a crudo e dei fiocchi di peperoncino.

CONSIGLI

Se prepari questa ricetta per mangiarla subito e non per congelarla, puoi aggiungere anche una patata da 200 g alle fave, che donerà al piatto una texture ancora più cremosa.

Ingredienti per 4 persone

350 g di fave secche decorticate
600 g di erbe di campo o cicoria
2 carote
1/2 cipolla
peperoncino piccante in fiocchi
mix di erbe aromatiche (p. 30)
olio extravergine di oliva
sale

MEAL PREP

Porziona la crema di fave in piccoli contenitori monoporzione.
I cubetti congelati di purè di fave sono fantastici per mantecare la pasta e i risotti, oppure per essere aggiunti alle zuppe e alle vellutate. Donano un tocco in più al piatto e forniscono tante proteine con poco impegno.

Ingredienti per 4 persone

250 g di fagiolini
180 g di lenticchie rosse decorticate
700 g di patate
2 cucchiai di soffritto fatto in casa (p. 34)
80 g di pangrattato senza glutine
erba cipollina, rosmarino, salvia, timo
curcuma, noce moscata
olio extravergine di oliva
sale

Patate, fagiolini, salvia, timo ed erba cipollina fresca per un contorno buono e leggero che prende ispirazione dal famosissimo polpettone genovese.

SFORMATO
di patate e fagiolini

In un tegame prepara la base della ricetta scaldando il soffritto con poco olio.
Lava e sbuccia le patate. Tagliale a pezzi e mettile nel tegame con le lenticchie rosse.
Aggiungi 700 ml di acqua e cuoci per circa 25 minuti. L'acqua dovrà evaporare, mentre le patate e le lenticchie dovranno risultare ben cotte.
Nel frattempo pulisci i fagiolini e cuocili con poca acqua per 10-15 minuti.
Riduci le patate e le lenticchie in purea con un frullatore a immersione, aggiungi i fagiolini tagliati in piccoli pezzetti, il pangrattato, una spolverata di curcuma, noce moscata, le erbe aromatiche fresche tritate finemente e un pizzico di sale.
Versa il composto in una teglia da 20×30 cm, oleata e ricoperta con una spolverata di pangrattato.
Inforna a 180 °C per circa 30 minuti.

MEAL PREP
Puoi conservare lo sformato in freezer già cotto e porzionato fino a 4 mesi.

Pasta brisée croccante e un ripieno morbido e gustoso, con lenticchie rosse e spezie. Questi bocconcini sono davvero irresistibili: uno tira l'altro! Perfetti per tutti gli aperitivi.

BOCCONCINI
golosi

Ingredienti per 36 bocconcini

- 100 g di lenticchie rosse decorticate
- 1 rotolo di pasta brisée (possibilmente quadrata)
- 20 g di fiocchi di patate
- 150 g di carote
- mix di erbe aromatiche (p. 30)
- curcuma, noce moscata
- olio extravergine di oliva
- sale

Metti in un tegame le lenticchie rosse e le carote finemente tritate.
Aggiungi 375 ml di acqua, un filo di olio, la noce moscata e la curcuma, il mix di erbe aromatiche, il sale e lascia cuocere il tutto per circa 30 minuti, le lenticchie e le carote dovranno risultare morbide e l'acqua dovrà asciugarsi completamente.
Aggiungi i fiocchi di patate e mescola bene, poi lascia raffreddare il composto completamente.
Dividi la pasta brisée e in strisce di circa 7 cm di larghezza. Metti al centro di ogni striscia un pochino di impasto aiutandoti con un cucchiaino, richiudi la pasta brisée sul ripieno in modo da formare un cordoncino di pasta.
Dividi il cordoncino in bocconcini di circa 2-3 cm di lunghezza, disponili su una teglia coperta di carta da forno e inforna a 190 °C per 20-30 minuti.

MEAL PREP

Questi bocconcini sono ottimi per essere congelati da cotti così da averli sempre pronti a portata di mano.

CONSIGLI

La ricetta è stata pensata per gli aperitivi, ma questi bocconcini sono perfetti anche per completare un pranzo in ufficio.

Ingredienti per 2 persone

100 g di lenticchie rosse decorticate
350 ml di salsa di pomodoro
300 ml di acqua
1/2 cipolla di Tropea
mix di erbe aromatiche (p. 30)
1 spicchio di aglio
olio extravergine di oliva
sale

Sapevi che la parola "ragù" viene dal francese ragoûter cioè «risvegliare l'appetito»? Ed effettivamente questo ragù fa davvero venire fame!

In questa versione lo abbiamo preparato con le lenticchie rosse decorticate, veloci da cuocere e delicate.

RAGÙ di lenticchie rosse

Trita la cipolla di Tropea e falla sfrigolare in padella con un giro d'olio, le erbe aromatiche e l'aglio. Lascia cuocere il tutto per pochi minuti, evitando di far soffriggere troppo gli ingredienti, e poi aggiungi le lenticchie rosse. Unisci la salsa di pomodoro, l'acqua e il sale.
Copri e lascia sobbollire dolcemente. Togli lo spicchio di aglio dopo circa 10 minuti di cottura.
Passati 25 minuti la salsa dovrebbe essersi rappresa e le lenticchie dovrebbero essere morbide.
Aggiusta di sale se necessario e aggiungi la tua pasta preferita cotta e scolata al dente.
Fai mantecare a piacere per pochi minuti e servi.

MEAL PREP

Il ragù si presta benissimo a essere preparato in anticipo.
In frigorifero si conserva per circa 4 giorni, mentre in freezer dura fino a 4 mesi.
Se vuoi avere sempre del ragù pronto a portata di mano mettilo in piccoli contenitori monodose, riponili in freezer e quando vorrai condire della pasta metti il ragù congelato direttamente in padella: fallo scaldare per qualche minuto e aggiungi la pasta cotta, saltala e lasciala amalgamare al sugo.
In pochissimo tempo il pranzo sarà pronto!

CONSIGLI

Per realizzare questo ragù puoi scegliere anche le lenticchie classiche non decorticate, ma in questo caso vanno unite già cotte alla base di erbe aromatiche, aglio e cipolla.
Se vuoi puoi anche sfumarle con un po' di vino rosso prima di aggiungere la salsa.
Se vuoi usare le lenticchie classiche cotte, pesane circa 250 grammi.

Puoi sostituire il legume con:
puoi anche provare il ragù di tempeh (p. 145) e il ragù di granulato di soia usato per la pasta al forno della domenica di p. 161.

Zucca e quinoa per delle crocchette buone e nutrienti. Sono croccanti fuori e soffici dentro. Il loro gusto delicato e morbido le rende perfette davvero per tutti, bimbi compresi.

CROCCHETTE di zucca sfiziose

Ingredienti per 20 crocchette

- 100 g di lenticchie rosse decorticate
- 50 g di quinoa
- 150 g di zucca
- pangrattato senza glutine
- mix di erbe aromatiche (p. 30)
- 1 pizzico di aglio in polvere
- paprica
- olio extravergine di oliva
- sale

Sciacqua la quinoa sotto l'acqua corrente. Mettila in un tegame insieme alle lenticchie e a una presa di sale e copri con 250 ml di acqua.
Pulisci la zucca e tagliala a cubetti, cuocila a vapore e quando sarà morbida schiacciala con l'aiuto di uno schiacciapatate, riducendola così in purea.
Unisci alla zucca le lenticchie e la quinoa cotte: non ci dovrà essere acqua in eccesso, quindi assicurati di averle scolate bene in precedenza.
Aggiungi le erbe aromatiche, l'aglio e la paprica, una presa di sale, un giro d'olio e 50 g di pangrattato.
Impasta bene e forma delle crocchette, passale nel pangrattato e disponile su una teglia coperta di carta da forno.
Completa con un giro d'olio in superficie e inforna a 180 °C per circa 30 minuti.

MEAL PREP

Puoi conservare queste polpette in frigorifero o in freezer. Se preferisci, puoi anche dar loro la forma di burger!

CONSIGLIO

La quantità di pangrattato che serve all'impasto potrebbe variare in base a quanta umidità c'è negli ingredienti principali (lenticchie, quinoa e zucca). Inizia con la dose indicata nella ricetta (50 g) e lascia riposare l'impasto per qualche minuto: se è ancora troppo morbido e non riesci a lavorarlo per dare forma alle polpette aggiungi un altro po' di pangrattato.

Queste polpettine, deliziose e bellissime, sono realizzate con il cuscus e tante verdurine! Facilissime da preparare, sono perfette come secondo o contorno, accompagnate da verdure crude o cotte, ma anche come aperitivo, per portare in tavola qualcosa di diverso e molto gustoso.

POLPETTINE di cuscus

Ingredienti per 2 persone

70 g di farina di ceci
150 g di cuscus
150 g di carote
100 g di pisellini
20 g di cipollotto
200 g di acqua calda
70 ml di bevanda di soia
1 cucchiaino di aceto di mele
curcuma
mix di erbe aromatiche (p. 30)
olio extravergine di oliva
sale

Trita le carote con una grattugia o tagliale a piccoli cubetti. Mettile in padella insieme ai pisellini e al cipollotto tagliato a striscioline, poi aggiungi olio extravergine di oliva e sale e lascia rosolare per 10 minuti. Aggiungi mezzo bicchiere di acqua, copri con il coperchio e continua la cottura per altri 5-10 minuti.
Nel frattempo prepara il cuscus: mettilo in una ciotola e versa anche l'acqua molto calda, quasi bollente. Copri per evitare che il vapore fuoriesca e aspetta 5-10 minuti.
Sgrana il cuscus con una forchetta e aggiungi la farina di ceci, le verdure cucinate in precedenza, la bevanda di soia, la curcuma, l'aceto, le erbe aromatiche, un giro d'olio e un pizzico di sale.
Mescola tutto con un cucchiaio e inizia poi a impastare con le mani: dovrai ottenere un composto morbido e malleabile.
Forma le polpettine e falle rosolare per 10-15 minuti in padella con un giro d'olio, girandole spesso su entrambi i lati.

MEAL PREP

Queste polpettine si conservano bene in frigorifero per 3-4 giorni, poi, prima di servirle, potrai ripassarle un attimo in padella per renderle più gustose.

CONSIGLI

Le polpettine di cuscus sono perfette per il pranzo fuori casa: abbinaci un'insalata di ortaggi freschi scegliendo quelli di stagione, come lattughino, pomodori e cetrioli se è estate o finocchi, arance e olive nere se è inverno.

POLPETTE
ai carciofi e rosmarino

Morbide e gustose, ecco le nostre polpettine ai carciofi, facili da preparare e perfette sia come contorno che come sfizioso aperitivo.

Ingredienti per 2 persone

100 g di farina di ceci
3 carciofi
200 ml di acqua
1 rametto di rosmarino fresco
2 cucchiai di aceto di mele
2 cucchiaini di lievito istantaneo per pizza
75 g di fiocchi di patate
olio extravergine di oliva
sale

In una ciotola mescola la farina di ceci, l'acqua, il rosmarino tritato, il sale e l'aceto di mele. Lascia riposare per 20 minuti. Nel frattempo lessa i carciofi in acqua bollente e ricava la polpa sia dal cuore che dai gambi. Trita grossolanamente la polpa ottenuta e aggiungila alla pastella di ceci. Aggiungi anche il lievito istantaneo e i fiocchi di patate. Mescola fino a ottenere un composto morbido ma non appiccicoso. Preleva con un cucchiaio un po' di impasto e modella le polpette dando loro una forma tondeggiante. Cuocile in una padella calda con un giro di olio per circa 7 minuti su ogni lato. Le polpette dovranno essere ben dorate.
Servi con un'insalatina fresca o una julienne di carote, una piadina tostata e la guacamole, oppure con la salsa che preferisci.

MEAL PREP

Queste polpette sono perfette per essere congelate da cotte: in freezer si mantengono per 4 mesi.
Anche la crema di avocado può essere conservata in freezer, in piccoli contenitori. Puoi scongelarla sia a temperatura ambiente che al microonde!

CONSIGLI

- Puoi cuocere le polpette ai carciofi e rosmarino anche in forno ventilato a 180 °C ventilato per 15-20 minuti.
- I fiocchi di patate sono il preparato per purè: si trovano facilmente in tutti i supermercati.
- Se vuoi accompagnare le polpette con la crema di avocado, frulla l'avocado con succo di limone e sale. Se preferisci la guacamole, aggiungi anche pomodoro e cipolla tritata.

Puoi sostituire il legume con: farina di lenticchie rosse.

Queste morbide polpettine sono gustose e saporite, perfette per essere accompagnate da verdurine fresche o saltate in padella e da qualche salsina come ketchup o maionese vegetale (p. 65)! Sono preparate con quinoa e farina di ceci, che insieme rendono l'impasto morbido ma al tempo stesso corposo.

Ingredienti per circa 20 polpettine

60 g di farina di ceci
160 g di quinoa cotta
1 melanzana grande
1 cucchiaio di salsa di soia
mix di erbe aromatiche (p. 30)
erba cipollina fresca
25 g di lievito istantaneo
120 g di pangrattato senza glutine
olio extravergine di oliva
sale

POLPETTE
di quinoa e melanzane

Taglia a cubetti la melanzana e mettila in una padella insieme alla salsa di soia, al mix di erbe aromatiche, all'erba cipollina tritata e a un bel giro d'olio. Copri con il coperchio per i primi minuti, poi toglilo e lascia appassire le melanzane mescolando di tanto in tanto per non farle attaccare alla padella.
Metti la quinoa cotta in una ciotola, aggiungi un pizzico di sale, le melanzane, il pangrattato, il lievito e la farina di ceci.
Mescola bene fino a ottenere un composto morbido.
Forma le polpettine aiutandoti con un cucchiaio e cuocile in una padella calda con un filo d'olio per circa 10-15 minuti, girandole su entrambi i lati, oppure in forno a 180 °C per 15 minuti.
Lasciale intiepidire prima di servirle.

MEAL PREP

Queste polpette sono perfette per essere preparate in anticipo: in frigorifero si mantengono bene per circa 4 giorni e sono buone anche fredde, quindi sono comodissime per portarle con te quando pranzi fuori! Puoi conservarle in freezer per 4 mesi.

CONSIGLI

Puoi realizzare queste polpettine in versione mini, oppure sotto forma di burger: sono perfette in un panino con insalata e pomodori.

Puoi sostituire il legume con:
farina di lenticchie rosse.

Ingredienti per 15 spinacine

60 g di farina di piselli
700 g di patate
350 g di spinaci freschi
70 ml di bevanda di soia
1 cucchiaio di pangrattato
corn flakes al naturale
aglio in polvere
olio extravergine di oliva
sale, pepe

Quando pensiamo al connubio vincente di patate e spinaci la prima cosa che ci viene in mente sono queste buonissime spinacine. Una ricetta preparata con pochi ingredienti ma dal gusto vincente. Le nostre spinacine sono croccantissime fuori e morbide dentro.

SPINACINE croccanti

Sbuccia le patate e tagliale in grossi pezzi, mettile in un tegame e coprile con acqua e una presa di sale. Porta il tegame sul fuoco e cuoci per 8-10 minuti dal bollore: a fine cottura le patate dovranno essere morbide.
Nel frattempo in una padella cuoci gli spinaci freschi per 5 minuti: dovranno solo appassire e ammorbidirsi un po'. Quando sono pronti trita finemente gli spinaci.
Terminata la cottura delle patate, scolale e schiacciale. Aggiungi gli spinaci, la bevanda di soia, un giro di olio, un pizzico di aglio in polvere, pepe e regola di sale. Unisci anche la farina di piselli, il pangrattato e mescola bene. Il composto dovrà risultare morbido.
Con un porzionatore per gelato o un cucchiaio preleva un po' di impasto e impanalo nei corn flakes sbriciolati, dandogli la forma di un burger.
Disponi le spinacine in una teglia coperta di carta da forno, aggiungi un filo d'olio in superficie e inforna a 185 °C per circa 25 minuti.

MEAL PREP

Puoi congelare le spinacine, che in freezer dureranno fino a 4 mesi, o conservarle in frigorifero per 4 giorni.

CONSIGLI

Per eseguire questa ricetta puoi usare anche gli spinaci congelati, ma in questo caso fai attenzione a eliminare l'acqua di cottura: prima di aggiungerli all'impasto strizzali bene.

Puoi sostituire il legume con:
farina di ceci.

POLPETTINE
DI CUSCUS

POLPETTE
AI CARCIOFI
E ROSMARINO

POLPETTE DI QUINOA
E MELANZANE

SPINACINE
CROCCANTI

FALAFEL ESPRESSI

I falafel sono le famosissime polpette a base di ceci, originarie della tradizione araba e molto saporite! Possono essere tonde o leggermente schiacciate.

Noi ve le mostriamo in una versione non tradizionale, velocissima da preparare e che prevede l'utilizzo della farina di ceci, al posto dei ceci crudi.

Ingredienti per 16 falafel

120 g di farina di ceci
40 g di fiocchi di patate
1 pizzico di aglio in polvere
mix di erbe aromatiche (p. 30)
prezzemolo fresco
pangrattato senza glutine (o farina di mais)
olio extravergine di oliva
sale, pepe

FALAFEL
espressi

In una ciotola mescola insieme la farina di ceci, i fiocchi di patate, l'aglio in polvere, le erbe aromatiche, il prezzemolo tritato, sale, pepe e un giro d'olio. Aggiungi 200 ml di acqua e impasta fino a ottenere un composto compatto e malleabile.
Forma i falafel e passali nel pangrattato o nella farina di mais.
Cuocili in padella con un giro d'olio per circa 10 minuti, girandoli su entrambi i lati, oppure in forno a 180 °C per 10 minuti.

MEAL PREP

Queste polpette sono perfette per il meal prep. Preparale in anticipo: puoi anche raddoppiare la dose così da averle sempre pronte a portata di mano.
In frigorifero, da cotte, si mantengono bene per circa 4 giorni, mentre in freezer fino a 4 mesi.

CONSIGLI

- Questi falafel sono perfetti per la cena o per il pranzo fuori casa, infatti sono buoni sia caldi che freddi!
- Puoi trovare i fiocchi di patate in tutti i supermercati, anche come preparato per purè.
- Gusta i falafel con la tua salsina preferita: maionese vegetale (p. 65), ketchup, guacamole...
- Accompagnali con verdure fresche crude o cotte e del pane, per ottenere un piatto completo.

Ingredienti per 2 persone

150 g di farina di ceci
300 ml di acqua
1 cucchiaino di lievito istantaneo
2 cucchiai di aceto di mele
rosmarino fresco
3 foglie di salvia
1 cipolla rossa dolce
1 bicchiere di vino rosso
olio extravergine di oliva
sale, sale grosso

Ricca di proteine e molto versatile, la farifrittata o farinata è un piatto tipico della nostra tradizione; originaria della Liguria, viene preparata anche in altre regioni d'Italia, magari variando un po' gli ingredienti. È una ricetta che ci piace molto perché si può arricchire con tantissimi ingredienti: verdure a foglia, zucchine, melanzane, carciofi… rendendola adatta a tutte le occasioni!

FARINATA
alle cipolle rosse

In una ciotola metti la farina di ceci, il lievito, l'aceto, l'acqua, salvia e rosmarino tritati, il sale e l'olio extravergine di oliva. Mescola bene e tieni da parte. Taglia la cipolla facendo attenzione a non rompere gli anelli. Mettila in una padella e fai rosolare con un giro di olio extravergine di oliva per 2-3 minuti. Sfuma con il vino e lascialo evaporare. Aggiungi mezzo bicchiere di acqua e lascia cuocere la cipolla finché non sarà bella morbida: ci vorranno pochi minuti. Aggiungi la cipolla alla pastella a base di farina di ceci tenendo da parte qualche anello intero.
Fodera una tortiera con carta da forno bagnata e strizzata, ungi la superficie e versaci la farinata. Decora la superficie con gli anelli di cipolla che avevi tenuto da parte, qualche rametto di rosmarino e qualche granello di sale grosso.
Cuoci in forno a 180 °C per 30 minuti.

MEAL PREP

La farinata può essere conservata in frigorifero per 3-4 giorni.
Per velocizzare il procedimento puoi cuocere in anticipo le verdure e aggiungerle all'impasto, così dovrai solo preparare la pastella e poi cuocere il tutto.

CONSIGLI

- Per questa farinata puoi usare tutti gli ortaggi, sia estivi che invernali, come zucchine, melanzane, peperoni, ma anche carciofi, broccoletti o verze. Vanno bene anche le verdure a foglia come spinaci, cime di rapa e bietoline, e le verdure più dure come zucca, patate e carote.
- Puoi cuocere la farinata anche in padella.

FARINATA
ALLE CIPOLLE
ROSSE

Ingredienti per rivestire 1 teglia quadrata di circa 22×22 cm (o 1 tortiera tonda di circa 25 cm di diametro)

- 90 g di farina di piselli o di lenticchie rosse
- 90 g di farina tipo 2
- 70 ml di acqua
- 1 cucchiaino raso di lievito istantaneo
- 30 g di olio extravergine di oliva
- sale

Una pasta brisée diversa dal solito e molto più saporita! L'abbiamo preparata con la farina di legumi e sarà perfetta per tutte le tue ricette preferite.

PRONTO IN 5 MINUTI

PASTA BRISÉE
con farina di legumi

In una ciotola versa le farine e il lievito, aggiungi l'olio e il sale e mescola bene formando delle grosse briciole.
Aggiungi l'acqua e impasta con le mani.
Stendi il panetto di pasta brisée aiutandoti con poca farina e farcisci a tuo piacimento. Puoi realizzare torte salate e calzoni.

CONSIGLI

Puoi cuocere le tue torte salate o i tuoi calzoni sia in forno che in padella.

Questa torta salata è perfetta per tante occasioni: il pranzo fuori casa, una cena diversa dal solito, un aperitivo originale ecc. Puoi servirla anche fredda, e non perderà neanche un briciolo della sua bontà.

TORTA SALATA
ai funghi e patate

Ingredienti per 4 persone

- 60 g di mix per polpette e torte salate (p. 35)
- 1 rotolo di pasta brisée
- 500 g di funghi champignon freschi
- 20 g di porcini secchi
- 350 g di patate
- 80 ml di bevanda di soia
- 1 spicchio di aglio
- 1 rametto di rosmarino
- 1 cucchiaio di aceto bianco
- paprica
- olio extravergine di oliva
- sale

Metti in ammollo i funghi secchi. Taglia i funghi champignon freschi a fettine e mettili in padella con un filo d'olio, uno spicchio di aglio e una presa di sale. Lascia cuocere a fuoco medio fino a far evaporare tutta l'acqua di cottura.
Trita con una grattugia le patate e uniscile ai funghi, aggiungi anche i funghi secchi strizzati e tritati, e olio e sale se necessario. Lascia cuocere per circa 10 minuti, girando spesso.
Togli l'aglio e unisci direttamente nella padella la bevanda di soia, la paprica, il mix per polpette, il rosmarino e l'aceto. Mescola bene.
Srotola la pasta brisée e adagiala su una tortiera, versaci il ripieno di funghi e patate, chiudi i bordi e inforna a 190 °C per circa 15-20 minuti.

MEAL PREP

Scopri come preparare il "mix per polpette e torte salate" da avere sempre pronto a portata di mano per realizzare burger, polpette e torte salate come questa. Trovi la ricetta a p. 35.

CONSIGLI

Al posto dei funghi puoi utilizzare la verdura che preferisci: provala, per esempio, con le erbe di campo!

Ecco un modo originale e decisamente sfizioso per presentare e mangiare le verdure: impastellate e cotte al forno! Il risultato sono dei bastoncini gustosi e croccanti, ottimi anche per un aperitivo, un antipasto diverso dal solito o semplicemente per rendere diversa la "solita" verdura.

Ingredienti per 2 persone

80 g di farina di ceci
rosmarino
2 zucchine
2 carote
2 cucchiai di farina di riso
pangrattato senza glutine
olio extravergine di oliva
sale, pepe

VERDURE CROCCANTI
al forno

Prepara la pastella mescolando la farina di ceci con il rosmarino tritato, il sale, il pepe, un giro d'olio e 160 ml di acqua.
Taglia le verdure a listarelle e passale nella farina di riso. Immergi ogni bastoncino di verdura prima nella pastella e poi nel pangrattato.
Disponi il tutto su una teglia, aggiungi un giro d'olio e cuoci in forno a 180 °C per 30-35 minuti.

CONSIGLI

- Servi le verdure calde, in modo che siano croccanti e saporite. Per tornare croccanti e gustose possono essere ripassate in forno o in padella.
- Seguendo lo stesso procedimento puoi preparare anche patate dolci, peperoni, finocchi e zucca.

Ingredienti per 4 persone

100 g di farina
di lenticchie rosse
125 g di farina di riso
2 cucchiaini di lievito
istantaneo
7 g di semi di sesamo
7 g di semi di sesamo
nero (o semi
di papavero)
7 g di semi di lino
130 ml di acqua
mix di erbe aromatiche
(p. 30)
30 g di olio extravergine
di oliva
sale

Aperitivo facile, veloce e croccante con questi cracker di lenticchie rosse: sono davvero sfiziosi e senza glutine, quindi perfetti per tutti! Abbinali a creme salate spalmabili, olive, verdurine fresche, frutta secca ecc. e porterai tanto colore e bontà in tavola.

CRACKER
di lenticchie rosse
SENZA GLUTINE

Metti in una ciotola la farina di riso e quella di lenticchie rosse, il sale, il mix di erbe aromatiche, i semi oleosi e il lievito. Aggiungi l'olio e mescola bene. Unisci anche l'acqua e impasta velocemente. L'impasto dovrà risultare morbido e omogeneo. Stendilo tra due fogli di carta da forno, in una sfoglia sottile dalla forma squadrata.
Taglialo a quadrotti (attraverso la carta da forno) e, senza separarli, inforna a 180 °C per 20 minuti.
Una volta cotto dividi i quadrotti, lascia raffreddare e servi.

MEAL PREP

Per preparare questi cracker puoi usare il mix per cracker e crespelle che trovi a p. 36.
In questo caso pesa 250 g di mix e poi aggiungi il resto degli ingredienti (erbe aromatiche, acqua, olio e sale): così facendo preparare i cracker sarà ancora più veloce.
Ricorda che con questo mix puoi realizzare anche tante altre ricette!

*Le crespelle ci piacciono tanto!
Sono super versatili, puoi farcirle con quello che più ti piace, se ne possono preparare sia versioni dolci che salate e vanno bene per pranzi, spuntini, cene e aperitivi!*

CRESPELLE
senza glutine

Ingredienti per 8 crespelle

- 100 g di farina di lenticchie rosse
- 125 g di farina di riso
- 2 cucchiaini di lievito istantaneo
- 7 g di semi di sesamo
- 7 g di semi di sesamo nero (o semi di papavero)
- 7 g di semi di lino
- 430 ml di acqua
- mix di erbe aromatiche (p. 30)
- 30 g di olio extravergine di oliva
- sale

In una ciotola mescola tutti gli ingredienti secchi con l'acqua e l'olio e lascia riposare per 10 minuti.
Scalda una padella antiaderente e versa al centro un mestolo di pastella. Ruota la padella in modo da distribuire la pastella su tutta la sua superficie.
Lascia cuocere fino a che la crespella non si staccherà da sola, a quel punto girala con una spatola in silicone e falla cuocere anche sull'altro lato per mezzo minuto.
Fai attenzione perché all'inizio la crespella è molto fragile, quindi non la muovere finché non si sarà staccata da sola dalla padella.
Puoi farcire le crespelle come preferisci, noi abbiamo scelto dell'hummus di melanzane (trovi la ricetta a p. 92), pomodori freschi e insalatina.

MEAL PREP

Le crespelle si conservano bene in frigorifero per 4 giorni.
Prepara il mix per cracker e crespelle che trovi a p. 36, così la preparazione sarà ancora più rapida!
Se scegli di usare il mix, pesane 250 g e aggiungi poi il resto degli ingredienti (olio, acqua, sale, erbe aromatiche).

Ingredienti per 2 persone

100 g di pasta di legumi
150 g di pasta di semola
1 melanzana (300 g ca.)
1 zucchina (200 g ca.)
200 g di pomodori pachino
1 cucchiaio di aceto balsamico
2 cucchiai di salsa di soia (facoltativa)
1 cucchiaino raso di mix di erbe aromatiche (p. 30)
1 pizzico di aglio in polvere
50 g di burro di pistacchi 100% (o burro di altra frutta secca)
2 cucchiai di olio extravergine di oliva
sale

Quando arriva l'estate un primo piatto che nelle nostre case non manca mai è la pasta con le verdure estive. Se prepari le verdure arrostite in forno, come ti suggeriamo in questa ricetta, darai al piatto una marcia in più!

FUSILLI
con verdure arrosto

Lava e affetta tutte le verdure, mettile in una ciotola capiente e condiscile con olio extravergine di oliva, aceto balsamico, salsa di soia (o se preferisci va bene anche il sale), il mix di erbe aromatiche e un pizzico di aglio in polvere. Mescola bene per distribuire il condimento e disponi in una teglia foderata di carta da forno. Cuoci in forno a 180 °C per 20 minuti. Nel frattempo fai scaldare l'acqua per cuocere la pasta. Quando l'acqua bolle metti il sale e versa la pasta. Fai attenzione ai tempi di cottura: a volte quelli della pasta di semola e della pasta di legumi non corrispondono, quindi metti a cuocere prima quella con il tempo di cottura più lungo.
In una ciotola versa il burro di pistacchi e allungalo con qualche cucchiaio di acqua di cottura della pasta; mescola fino a ottenere una crema omogenea. Condisci la pasta con le verdure e la crema di pistacchi e servila in tavola.

MEAL PREP

Le verdure cotte in questo modo sono perfette per essere conservate in frigorifero, così da averle sempre a portata di mano per condire primi piatti come questo, o per servirle come contorno oppure come farcitura di torte salate, panini ecc.

CONSIGLI

Il burro di frutta secca viene anche chiamato "crema di": pistacchi, mandorle, nocciole ecc. Altro non è che frutta secca ridotta in crema tramite una finissima triturazione.
Alla pasta con le verdure, oltre a quello di pistacchi, si abbinano molto bene anche il burro di semi di zucca, il burro di mandorle e quello di anacardi.

PASTA AL FUMÉ

Ingredienti per 2 persone

100 g di pasta di legumi
140 g di pasta di semola
450 ml di salsa di pomodoro
100 ml di panna vegetale
6 pomodori secchi sottolio
mix di erbe aromatiche (p. 30)
1 cucchiaio di olio extravergine di oliva
sale

I marchigiani lo sanno bene, quando si era bambini e si andava a casa di qualche "compagnetto" di scuola, il pranzo standard era pasta al fumé, e un motivo c'era! Era facile da preparare per i genitori e buonissima da mangiare per noi bimbi!

Ecco la nostra versione, senza carne e con la pasta di legumi: una meraviglia.

PRONTO IN 10 MINUTI

Metti sul fuoco l'acqua per cuocere la pasta. In una padella metti i pomodori sottolio tritati al coltello con l'olio, aggiungi le erbe aromatiche e fai scaldare per pochi minuti. Aggiungi anche la salsa di pomodoro e fai andare a fuoco basso per circa 15 minuti.
Quando l'acqua bolle metti il sale e versa la pasta. Fai attenzione ai tempi di cottura: a volte quelli della pasta di semola e della pasta di legumi non corrispondono, quindi metti a cuocere prima quella con il tempo di cottura più lungo.
Scola la pasta e versala nella padella con i pomodori. Unisci la panna vegetale, saltala per pochi minuti e servi la pasta al fumé calda.

CONSIGLI

Per rendere questo piatto "senza glutine", usa al posto della pasta di semola una pasta senza glutine.

Ingredienti per 4 persone

200 g di ceci cotti e scolati
30 g di tahina
50 ml di bevanda di soia
2 cucchiai di succo di limone
peperoncino piccante in polvere, curcuma, curry
pepe
40 ml di olio extravergine di oliva

Una delle nostre creme salate preferite, aromatica e profumata, ha una texture davvero leggera ed è perfetta per essere abbinata a crostini e verdure fresche e usata per le farciture.

PRONTO IN 5 MINUTI

SPICY HUMMUS
mayo

Versa nel boccale del frullatore tutti gli ingredienti: i ceci, la bevanda di soia, la tahina, l'olio, il limone e tutte le spezie. Frulla fino a ottenere un composto liscissimo, regola di sale se necessario e servi con crostini o crudité di verdure.

MEAL PREP

Puoi conservare la crema in frigorifero in un contenitore ben chiuso per 3-4 giorni.

CONSIGLI

Se vuoi ottenere una consistenza più liscia e vellutata puoi sbucciare i ceci.

Puoi sostituire il legume con:
fagioli cannellini.

Ingredienti per 4 persone

350 g yogurt di soia
al naturale
450 g di cetrioli
aglio in polvere
1 ciuffo di erba cipollina
2 foglioline di menta
olio extravergine di oliva
sale

La nostra versione di una delle creme spalmabili più buone di sempre, la tzatziki! Questa crema greca a base di cetrioli è freschissima e aromatica, perfetta per essere mangiata insieme a crudité di verdure o per farcire una bellissima pita!

TZATZIKI

Lava bene i cetrioli e grattugiali con tutta la buccia. Aggiungi il sale, mescola bene e lascia riposare per almeno 10 minuti. In un sacchetto per le bevande vegetali in tela di cotone versa il composto di cetrioli grattugiati ed elimina l'eccesso di acqua di vegetazione. Usando il boccale del frullatore a immersione, inserisci il sacchetto e fermalo in modo tale che rimanga spazio al di sotto. Metti in frigorifero e lascia colare per una notte.
Il giorno successivo mescola il liquido colato dai cetrioli con lo yogurt di soia. Fai attenzione che lo yogurt sia al naturale: non deve contenere nessuno zucchero e non devono essere stati aggiunti aromi, come per esempio quello di vaniglia. Unisci i cetrioli allo yogurt e trita finemente erba cipollina e menta fresche. Aggiungi anche un pizzico di aglio in polvere e una presa di sale. Mescola con olio extravergine di oliva e servi con crostini di pane.
Se ti piacciono si possono abbinare bene alla tzatziki anche l'aneto, il prezzemolo e le foglie del finocchietto selvatico.

CONSIGLI

Se ti piace, puoi preparare la salsa tzatziki anche con lo yogurt greco.
Provala per condire bowl e insalatone, come la bowl Tex Mex di p. 66.

Le lasagnette di pane carasau sono una versione particolare e sfiziosa di uno dei piatti più importanti della nostra tradizione. Si cuociono in un attimo, sono leggere e delicate e i fiori di zucca le rendono ancora più speciali.

LASAGNA BIANCA
con fiori di zucca

Ingredienti per 4 persone

200 g di taccole o fagiolini
450 g di zucchine
20 fiori di zucca
pane carasau
mix di erbe aromatiche (p. 30)
olio extravergine di oliva
sale

Per la besciamella

50 g di burro vegetale (o 30 g di olio extravergine di oliva)
40 g di farina
500 ml di bevanda di soia
noce moscata
sale

Lava le zucchine e le taccole e taglia tutto a pezzetti. Lava delicatamente anche i fiori di zucca, aprili e taglia la parte finale, che puoi eliminare oppure aggiungere alle zucchine e alle taccole (però sappi che talvolta può risultare leggermente amara). Tieni da parte i fiori aperti e lavati.
Salta in padella le verdure con un giro di olio extravergine di oliva, sale e il mix di erbe aromatiche per 10 minuti. Se tende ad attaccarsi al fondo della padella puoi aggiungere qualche cucchiaio di acqua e proseguire la cottura con il coperchio.
Prepara la besciamella scaldando la bevanda di soia in un pentolino. In un'altra pentola mescola su fuoco basso la farina con l'olio o il burro vegetale. Aggiungi la bevanda di soia calda poca alla volta, mescolando energicamente, così da fare in modo che non si formino grumi. Una volta aggiunta tutta la bevanda di soia porta a bollore e lascia cuocere per 3-4 minuti. Aggiungi una presa di sale e della noce moscata.
Prendi una teglia dai bordi alti delle dimensioni di circa 20×30 cm; versaci un giro di olio e un mestolo di besciamella, poi copri con uno strato di pane carasau. Sul pane carasau aggiungi altra besciamella, uno strato di fiori di zucca e qualche cucchiaio di verdura, quindi ancora pane, besciamella, fiori di zucca e verdure. Prosegui fino a esaurire tutti gli ingredienti. Completa con un filo d'olio e cuoci a 180 °C per 10 minuti in forno ventilato; termina la cottura con 5 minuti di grill.

MEAL PREP

La lasagna bianca è perfetta per essere conservata in freezer, dove si mantiene per 3-4 mesi, cotta in monoporzioni. Una volta presa dal freezer basterà scaldarla in forno a 100 °C ancora congelata.

CONSIGLI

Queste lasagne possono essere preparate anche con un ragù bianco: in questo caso ti consigliamo di usare il granulato di soia seguendo la ricetta della pasta al forno della domenica di p. 161 e di mettere, al posto della salsa, le verdure, che andranno poi saltate in padella con il granulato per 10 minuti.

Ingredienti per 2 persone

150 g di tempeh
400 ml di salsa di pomodoro
2 cucchiai di soffritto fatto in casa (p. 34)
1 spicchio di aglio
rosmarino, salvia
1 foglia di alloro
2 cucchiai di salsa di soia
1/2 bicchiere di vino rosso
olio extravergine di oliva

Un sugo saporito che si abbina perfettamente a ogni tipo di pasta, corta o lunga. Questo ragù oltre a essere buonissimo è nutriente e leggero. Il tempeh, infatti, abbinato a erbe aromatiche, aglio e vino diventa davvero gustoso!

RAGÙ di tempeh

In un tegame fai sfrigolare un giro d'olio extravergine di oliva con l'aglio, il rosmarino, la salvia, la foglia di alloro, il soffritto e la salsa di soia.
Aggiungi il tempeh tritato grossolanamente e lascia rosolare per 5-7 minuti. Sfuma con il vino rosso. Quando il vino sarà completamente evaporato aggiungi la salsa di pomodoro e 200 ml di acqua e mescola bene.
Copri con un coperchio e lascia cuocere per 30 minuti. Ricorda di togliere l'aglio e l'alloro dopo circa 10-15 minuti di cottura. Una volta che il ragù sarà pronto puoi servirlo con la pasta.

MEAL PREP

Il ragù di tempeh si presta benissimo a essere preparato in anticipo: in frigorifero si conserva per circa 4 giorni, mentre in freezer dura circa 4 mesi. Se vuoi avere sempre del ragù pronto a portata di mano mettilo in piccoli contenitori monodose, riponili in freezer e quando vuoi condire della pasta metti il ragù congelato direttamente in padella, fallo scaldare per qualche minuto e poi aggiungi la pasta cotta, saltala e lasciala amalgamare al sugo. In pochissimo il pranzo sarà pronto!

CONSIGLI

Per tritare il tempeh in modo uniforme puoi aiutarti con una grattugia con i fori grandi: grattugialo come fosse del formaggio.
È consigliabile non tritarlo troppo finemente.

Puoi sostituire il legume con: se non hai il tempeh, puoi provare il ragù di lenticchie di p. 115 e il ragù di granulato di soia usato per la ricetta della pasta al forno della domenica di p. 161.

Un piatto colorato e ricco di sapori, tanto semplice da fare quanto gustoso! Ti presentiamo uno dei modi migliori per utilizzare il tempeh.

TRIS DI CEREALI
con tempeh

Sciacqua bene i cereali e mettili in pentola con 350 ml di acqua. Aggiungi una presa di sale, copri e metti sul fuoco. Fai bollire per 3-4 minuti, poi spegni e lascia raffreddare tenendo la pentola coperta.
Taglia il tempeh a cubetti regolari e saltalo in padella con olio, salsa di soia e aceto balsamico, quindi mettilo da parte.
Nella stessa padella salta per pochi minuti i germogli di soia e i pomodori secchi tagliati grossolanamente, quindi unisci tutti gli ingredienti in padella: il tris di cereali, i pomodorini tagliati in quattro, la melanzana cotta e tagliata a pezzi grossi, la rucola spezzettata con le mani, il tempeh. Fai saltare il tutto per un minuto e servi.

Puoi sostituire il legume con:
tofu, ceci, fagioli cannellini.

Ingredienti per 2 persone

150 g di tempeh
120 g di tris di cereali (grano saraceno, quinoa, riso basmati)
2 cucchiai di salsa di soia
1 cucchiaio di aceto balsamico
200 g di pomodorini
6 pomodori secchi
1 melanzana cotta al forno (vedi la ricetta dell'hummus di melanzane a p. 92)
50 g di rucola
200 g di germogli di soia
2 cucchiai di olio extravergine di oliva

MEAL PREP

Se hai dello spazio in frigorifero, cuoci il doppio della quantità di cereali indicata nella ricetta in modo tale da poterli conservare e averli pronti all'uso nei giorni seguenti.

Ingredienti per 2 persone

150 g di tempeh
3 zucchine
80 g di bevanda di soia
45 g di pangrattato senza glutine
1 cucchiaio di salsa di soia (o sale)
1 pizzico di aglio in polvere
2 rametti di prezzemolo fresco
2 rametti di timo
1 ciuffetto di erba cipollina
olio extravergine di oliva

Ecco una ricetta furba per usare il tempeh e preparare un secondo piatto nutriente e sfizioso. Le zucchine ripiene sono davvero saporite; rendile uniche con le tue erbe aromatiche preferite, come timo, salvia, menta ed erba cipollina.

ZUCCHINE RIPIENE
di tempeh

Scegli delle zucchine abbastanza dritte, lavale e tagliale a metà. Con un cucchiaio scava la polpa interna delle zucchine e mettila in padella insieme al tempeh grattugiato. Fai saltare il tutto per 10 minuti con un giro d'olio e salsa di soia (o, se preferisci, sale). Aggiungi al composto di polpa di zucchine e tempeh la bevanda di soia, il pangrattato, il prezzemolo tritato, timo, erba cipollina e una spolverata di aglio in polvere. Mescola tutto fino a ottenere un composto omogeneo e con questo impasto riempi le zucchine precedentemente svuotate. Trasferisci le zucchine in una teglia dai bordi alti, aggiungi qualche cucchiaio di acqua sul fondo e un giro di olio in superficie. Inforna a 180 °C per 30-40 minuti.

MEAL PREP

Una volta cotte e raffreddate queste zucchine sono perfette per essere conservate in freezer, dove si mantengono per 3-4 mesi.

CONSIGLI

Puoi cuocere le zucchine anche in padella: aggiungi un goccino di acqua e copri con un coperchio, fai cuocere per 25 minuti, poi togli il coperchio e lascia rosolare ancora per qualche minuto.

Puoi sostituire il legume con:
ceci, fagioli cannellini, granulato di soia.

Sappiamo che quando si parla di tofu spesso si immagina qualcosa di poco gustoso e un po' triste. Questa è la ricetta giusta per farvi cambiare idea! Il tofu preparato in questo modo è davvero sfizioso: la salsa agrodolce dona un'esplosione di sapori e aromi.

TOFU
in agrodolce

Ingredienti per 2 persone

400 g di tofu
10 g di cipollotto
15 g di amido di mais
1 cucchiaio di aceto di riso
3 cucchiai di concentrato di pomodoro
3 cucchiai di salsa di soia
1 cucchiaio di zucchero
farina di riso (facoltativa)
chili, paprica
olio extravergine di oliva

Trita il cipollotto e mettilo in una padella; lascialo rosolare per pochi minuti con un giro d'olio.
In una ciotolina stempera l'amido con 3-4 cucchiai di acqua.
Nella padella con il cipollotto aggiungi il concentrato di pomodoro, l'aceto, la salsa di soia, lo zucchero, le spezie e 350 ml di acqua. Unisci anche la cremina di amido e lascia cuocere a fuoco dolce per 5 minuti dal bollore, fino a ottenere una salsa densa.
Taglia il tofu in piccoli cubetti, asciugalo con un panno per togliere l'acqua in eccesso. Metti i cubetti di tofu in una ciotola e aggiungi un cucchiaio di farina di riso (o di amido) e mescola per far aderire la farina.
In una padella scalda un filo d'olio, versa i cubetti di tofu infarinati e lasciali rosolare su tutti i lati.
Aggiungi la salsa agrodolce, fai saltare per 2-3 minuti e accompagna il tofu con del riso o delle verdure.

MEAL PREP

Se ti avanza la salsa agrodolce puoi conservarla in frigorifero per 3-4 giorni.

CONSIGLIO

Puoi usare la salsa anche per condire verdure come funghi, melanzane, zucchine, oppure per le patate.

Ingredienti per 2 persone

200 g di tofu
150 g di zucchine
40 g di pangrattato senza glutine
curcuma
erba cipollina
semi di sesamo
semi di sesamo nero
semi di papavero
1 cucchiaio di olio extravergine di oliva
sale

Piccole, colorate e invitantissime.
Ecco delle polpettine tanto semplici quanto gustose, preparate con le zucchine e rese speciali da tanti semini colorati.

POLPETTE
di tofu e zucchine

In una ciotola sbriciola con le mani il tofu. Aggiungi anche le zucchine tagliate a julienne e mescola con la forchetta fino ad amalgamare bene i due ingredienti. Unisci quindi il sale, l'olio, il pangrattato, la curcuma e l'erba cipollina. Mescola bene fino a ottenere un composto omogeneo e lascia riposare il tutto per 5 minuti.

Con un cucchiaio preleva un po' di impasto e modellalo con le mani leggermente inumidite fino a formare una polpetta tonda. Rotola le polpette in tre panature differenti: una con semi di sesamo nero, una con semi di papavero e l'altra con semi di sesamo classici (quelli bianchi).

Disponi le polpette su una teglia foderata di carta da forno e cuoci in forno a 180 °C per 25 minuti.

MEAL PREP

Puoi conservare le polpette in frigorifero o in freezer, ti consigliamo di servirle calde o tiepide.

CONSIGLI

Puoi realizzare queste polpette anche senza panatura oppure scegliere una panatura differente, come altri semi o il pangrattato.

Il modo migliore per rendere del semplice tofu qualcosa di goloso e appetitosissimo: ecco le crocchette più buone del mondo, rese speciali grazie a un trucchetto facile che renderà il tofu perfetto sia dal punto di vista del sapore che della consistenza.

CROCCHETTE di tofu

Ingredienti per 2 persone

200 g di tofu al naturale
30 g di farina di ceci
4 cucchiai di salsa di soia
1 pizzico di aglio in polvere
pangrattato senza glutine
olio extravergine di oliva

Apri la confezione del tofu ed elimina l'acqua in eccesso. Asciuga un po' il panetto e lascialo in freezer per una notte, dopodiché fallo scongelare completamente a temperatura ambiente o nel microonde. Elimina man mano l'acqua che esce e quando sarà completamente scongelato, mettilo all'interno di un canovaccio. Pressalo per far sì che l'acqua ancora presente all'interno possa uscire del tutto. Puoi aiutarti mettendoci sopra un tagliere con un peso, o una pentola con delle bottiglie piene, oppure, meglio ancora, puoi usare una pressa. Lascialo "asciugare" in questo modo per almeno 30 minuti. Lo spessore del tofu dovrà circa dimezzarsi. In una ciotola unisci la salsa di soia, l'aglio in polvere e dell'olio. Aggiungi il tofu tagliato a quadratini e mescola bene.
Prepara una pastella velocissima con la farina di ceci e 60 ml di acqua, mescolando i due ingredienti insieme. Prendi ogni quadratino e passalo prima nella pastella, poi nel pangrattato. Disponi i quadratini su una teglia rivestita di carta da forno, aggiungi un giro d'olio in superficie e inforna a 185 °C per 15-20 minuti. Le crocchette di tofu dovranno essere ben dorate.

CONSIGLI

- La ricetta è molto facile. Una volta che il tofu sarà congelato, dovrai solo farlo scongelare e aspettare che si asciughi bene. Per questo puoi tenere d'abitudine del tofu in freezer, sempre pronto per essere usato.
- Più il tofu sarà stato pressato bene, migliore sarà il risultato.

Ingredienti per 6 piadine

100 g di okara di soia
300 g ca. di farina tipo 2
150 g di polpa di pomodoro
aglio in polvere
paprica affumicata
origano
40 g di olio extravergine di oliva
sale

Preparate con lo "scarto" del tofu autoprodotto in casa (che puoi imparare a fare a p. 40), queste piadine sono ricche di proteine, morbidissime e sfiziose: un ottimo modo per riutilizzare qualcosa di buono che altrimenti andrebbe buttato.

PIADINE
gusto pizza

In una ciotola mescola l'okara di soia con l'olio extravergine di oliva, la polpa di pomodoro, il sale, una spolverata di aglio in polvere, paprica affumicata e origano e mescola fino ad amalgamare bene tutti gli ingredienti. Aggiungi la maggior parte della farina e continua a mescolare.

La quantità di farina necessaria potrebbe variare leggermente in quanto sia la salsa di pomodoro che l'okara potrebbero assorbire la farina in modo differente: regola quindi la quantità di farina in base alla consistenza, sapendo che dovrai ottenere un panetto morbido e non appiccicoso.

Forma palline di impasto da 90 g e stendile girando il matterello in tutte le direzioni, così da realizzare piadine tonde di 22 cm di diametro. Aiutati spolverando il piano di lavoro con un po' di farina per non farle attaccare.

Cuoci le piadine in una padella calda antiaderente per 2 o 3 minuti per lato. Quando sono pronte, metti le piadine in un piatto, coperte con un canovaccio pulito.

CONSIGLI

Le piadine sono perfette per essere congelate, si mantengono in freezer per almeno 4 mesi. Quando ti serviranno basterà tirarle fuori dal freezer e metterle direttamente in padella facendole scaldare per pochi minuti.

Nelle Marche le olive all'ascolana sono una cosa seria! Le ricette si tramandano da generazioni e ognuno ha la sua versione, ecco... anche noi abbiamo la nostra!

Queste polpettine croccanti fuori e morbide dentro sono strepitose, provare per credere.

Ingredienti per 25 polpette

300 g di tofu
150 g di olive verdi denocciolate
30 g di pomodorini secchi
45 g di prezzemolo fresco
45 g di amido di mais
75 g di farina di ceci
pangrattato per impanare
olio di semi

FINTE OLIVE
all'ascolana

PRONTO IN 10 MINUTI

In un frullatore metti tutti gli ingredienti: tofu, prezzemolo, olive verdi, pomodorini secchi, amido, farina di ceci; frulla per bene fino a ottenere un composto morbido e malleabile.
Forma le polpettine aiutandoti con un cucchiaino e poi passale nel pangrattato facendolo aderire bene.
Friggile in olio bollente finché saranno dorate e croccanti.
Servi le finte olive all'ascolana calde.

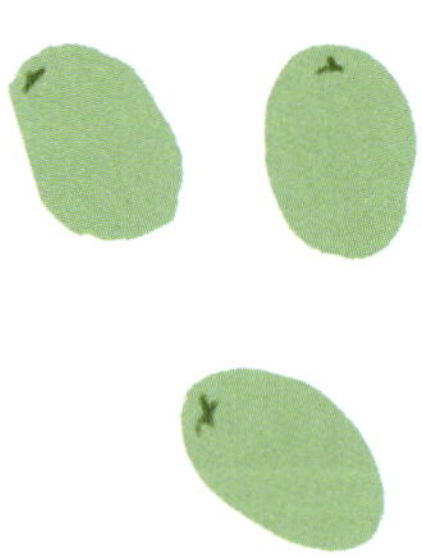

La ricetta della domenica, ma anche del lunedì, martedì, mercoledì... Questa pasta al forno è facile da preparare e soprattutto è davvero buona: una ricetta sontuosa e ricca che stupirà tutti.

PASTA AL FORNO
della domenica

Ingredienti per 2 persone

80 g di granulato di soia
180 g di pasta corta
400 ml di polpa di pomodoro
300 ml di passata di pomodoro
2 cucchiai di soffritto fatto in casa (p. 34)
mix di erbe aromatiche (p. 30)
1 foglia di alloro
1 spicchio di aglio
1 bicchiere di vino bianco
2 cucchiai di salsa di soia
5 foglie di basilico fresco
olio extravergine di oliva
sale

Per la besciamella

50 g di burro vegetale (o 30 g di olio extravergine di oliva)
40 g di farina
500 ml di bevanda di soia
noce moscata
sale

Per preparare il ragù di granulato di soia scalda in un tegame il soffritto con poco olio, aggiungi lo spicchio di aglio, l'alloro, le erbe aromatiche e il granulato; fai rosolare per pochi minuti. Sfuma con il vino e quando quest'ultimo sarà evaporato del tutto aggiungi la polpa di pomodoro, la passata, la salsa di soia, 200 ml di acqua e una presa di sale.
Copri con il coperchio e lascia cuocere per 20-30 minuti mescolando di tanto in tanto. Togli lo spicchio di aglio e l'alloro a metà cottura. A fine cottura aggiungi il basilico spezzettandolo con le mani.
Prepara la besciamella scaldando la bevanda di soia in un pentolino. In un'altra pentola mescola sul fuoco basso la farina con l'olio o il burro vegetale. Aggiungi la bevanda di soia calda poco alla volta mescolando energicamente per evitare che si formino grumi. Una volta aggiunta tutta la bevanda di soia porta a bollore e lascia cuocere per 3-4 minuti. Aggiungi una presa di sale e noce moscata.
Cuoci la pasta e scolala molto al dente, versala nel ragù, aggiungi un po' di besciamella e mescola bene. Metti la pasta in una teglia e completa con altra besciamella sulla superficie. Inforna a 190 °C per 15 minuti.

MEAL PREP

La pasta al forno si presta molto bene a essere congelata! Ti consigliamo di prepararla all'interno di piccole vaschette e riporla in freezer, che sia già stata cotta in forno o meno. Al momento del bisogno falla cuocere o scaldare in forno preriscaldato.

Il seitan e i peperoni sembrano essere fatti per stare insieme. Ecco un piatto dai sapori intensi e stuzzicanti, facile da preparare e appetitoso.

Ingredienti per 2 persone

200 g di seitan
3 peperoni cornetto
semi di sesamo
olio extravergine di oliva
sale

Per la marinatura

4 cucchiai di salsa di soia
2 cucchiai di aceto balsamico
aglio in polvere (o 1 spicchio di aglio)
mix di erbe aromatiche (p. 30)
1 cucchiaino raso di zucchero

SEITAN

con i peperoni in agrodolce

Taglia a striscioline il seitan, mettilo in una ciotola e aggiungi la marinatura di salsa di soia, aceto balsamico, aglio in polvere (o, se preferisci, metti uno spicchio di aglio schiacciato e tagliato a metà, che poi toglierai), mix di erbe aromatiche e zucchero. Lascialo marinare.
Intanto taglia i peperoni a striscioline, mettili in padella con olio e sale. Fai rosolare per qualche minuto, poi copri con il coperchio, aggiungi mezzo bicchiere di acqua e cuoci per altri 10-15 minuti; i peperoni dovranno diventare morbidi.
Aggiungi il seitan e la marinatura, fai cuocere per pochi minuti e completa con semi di sesamo.

Puoi sostituire il legume con: tempeh.

Ingredienti
per 18 sarcicce

400 g di ceci cotti e scolati
100 g di farina per seitan (farina di manitoba)
60 ml di bevanda di soia
30 ml di vino bianco
1 cucchiaio di concentrato di pomodoro
4 cucchiai di salsa di soia
mix di erbe aromatiche (p. 30)
noce moscata
aglio in polvere
fogli di carta di riso
salsa di soia o salsa barbecue
olio extravergine di oliva

Buone buone buone... e potremmo fermarci qui, perché a questa meraviglia non c'è nient'altro da aggiungere! Preparale per delle cene particolari o per gli ospiti: li conquisterai.

"SARCICCE"
con patate arrosto

In un frullatore versa i ceci, la bevanda di soia, il vino, il concentrato di pomodoro, la salsa di soia, le erbe aromatiche, la noce moscata e l'aglio. Frulla bene fino a ottenere un composto morbido e omogeneo.
Metti l'impasto in una ciotola e aggiungi la farina per seitan. Impasta bene prima con un cucchiaio, poi a mano, direttamente sul piano da lavoro. L'impasto dovrà risultare morbido ma non appiccicoso.
Forma le sarciccette e mettile su una teglia coperta di carta da forno.
Informa a 190 °C per 20 minuti circa. Dovranno raggiungere una consistenza compatta e dorarsi leggermente, poi lasciale raffreddare.
Per preparare le sarciccette vere e proprie, metti in acqua fredda un foglio di carta di riso e lascialo ammorbidire per qualche istante. Disponilo su un canovaccio inumidito. A questo punto metti al centro del foglio la sarciccia e richiudilo, avvolgendola completamente. Ripeti l'operazione per tutte le salsicce.
Infine metti le sarcicce in padella con un filo d'olio e fai abbrustolire il foglio di riso su tutti i lati.
Aggiungi un po' di salsa barbecue o di salsa di soia, fai rosolare per un paio di minuti e servile calde!

MEAL PREP

Queste "sarcicce" vegetali si conservano bene in frigorifero per 4 giorni e in freezer fino a 4 mesi. Conservale sempre senza foglio di carta di riso, ma cotte e al naturale. Poi, quando vorrai consumarle, potrai completarle.

CONSIGLI

I fogli di carta di riso si trovano facilmente in tutti i supermercati e vengono di solito utilizzati per preparare gli involtini primavera.

Ecco una nuova versione del tanto amato tiramisù: ha pochi zuccheri e una crema leggera senza uova. Caffè e crema di pistacchi rendono questo dessert davvero unico e irresistibile.

TIRAMISÙ
al pistacchio

Ingredienti per 3-4 monoporzioni

300 ml di bevanda di soia
30 g di amido di mais (o di farina 00)
30 g di zucchero di canna
1 baccello di vaniglia
40 g di burro di pistacchi 100%
fette biscottate (o biscotti)
1 tazza di caffè
cacao
granella di pistacchi

Metti a scaldare la bevanda di soia in un pentolino. In un'altra pentola mescola l'amido (o la farina), la vaniglia e lo zucchero di canna. Aggiungi poca alla volta la bevanda di soia calda e mescola con una frusta. Per evitare che la crema faccia dei grumi versa pochissimo liquido alla volta e mescola fino al completo assorbimento prima di aggiungerne altro.
Rimetti sul fuoco e fai arrivare a bollore. Dal bollore cuoci per 4-5 minuti.
Aggiungi alla crema calda anche il burro di pistacchi e mescola fino ad amalgamare completamente i due composti. Copri con pellicola per alimenti o con un coperchio in silicone e lascia raffreddare.
Prepara il caffè e inzuppaci le fette biscottate (o se preferisci dei biscotti). Disponi le fette biscottate bagnate con il caffè sulla base di un bicchierino (o, se non vuoi preparare un dolce al cucchiaio, sulla base di una terrina) e crea il primo strato con la crema di pistacchi. Prosegui alternando le fette biscottate bagnate con il caffè e la crema di pistacchi fino a raggiungere l'altezza desiderata. Spolvera la superficie con cacao e granella di pistacchi.

CONSIGLI

Lascia riposare il tiramisù in frigorifero almeno qualche ora prima di servirlo. Puoi prepararlo anche il giorno prima, sarà ancora più saporito!

Ingredienti per 1 porzione

1 yogurt di soia da 125 ml
50 ml di bevanda di soia
30 g di fiocchi di avena senza glutine
1 cucchiaino di semi di chia o di lino tritati
20 g di burro di pistacchi 100%
frutta fresca

La nostra versione preferita del classico porridge è questa! Senza cottura, con lo yogurt e la frutta fresca da aggiungere al mattino. Il porridge freddo o overnight oat meal *non manca mai nelle nostre colazioni, si prepara in meno di un minuto la sera e si lascia in frigorifero durante la notte: il mattino seguente sarà pronto, cremoso e freschissimo.*

PRONTO IN 5 MINUTI

PORRIDGE
al pistacchio senza cottura

MEAL PREP
Puoi preparare in anticipo i barattolini e tenerli in frigorifero fino a 4 giorni.

In una ciotola versa tutti gli ingredienti tranne la frutta: lo yogurt, la bevanda di soia, i fiocchi di avena, i semi di chia o di lino tritati, il burro di pistacchi; mescola fino a ottenere un composto omogeneo. Lascia in frigorifero per una notte. Al mattino basterà aggiungere della frutta fresca tagliata a pezzi e godersi una colazione buonissima.

CONSIGLI

- Puoi realizzare questo porridge con il burro di frutta secca che preferisci: in commercio, oltre a quello di pistacchi, trovi anche quello di mandorle, di nocciole, di anacardi e di arachidi.
- Le dosi indicate sono per una una porzione: moltiplicale in base alle tue esigenze.
- Se usi lo yogurt di soia al naturale aggiungi zucchero, uva passa o cioccolato, così da dolcificarlo. Se vuoi puoi usare anche lo yogurt vaccino, e vanno bene anche altri tipi di yogurt.
- Il porridge senza cottura può anche essere scaldato prima di venire consumato: basteranno pochissimi minuti in un pentolino o pochi secondi nel microonde.

Il salame al cioccolato è un dolce famosissimo e molto amato della nostra tradizione, è facile da preparare, ma soprattutto è irresistibile!

Te lo presentiamo in una versione diversa dal solito che ti farà impazzire, e per farlo prepariamo i biscotti in casa.

SALAME al cioccolato

Ingredienti per 18 fette

150 ml di bevanda di soia
300 g di cioccolato fondente
cacao

Ingredienti per i biscotti

100 g di farina di ceci
100 g di farina di riso
100 g di farina di grano saraceno
5 g di lievito per dolci
1 arancia bio
50 g di zucchero
60 g di olio di semi

Distribuisci la farina di ceci sulla teglia foderata di carta da forno e mettila in forno a 180 °C per circa 5 minuti. Puoi anche tostarla in padella.
In una ciotola grattugia la scorza dell'arancia (fai attenzione a non prelevare la parte bianca). Spremi l'arancia e pesa il succo. Ne servono 160 ml; se il liquido non è sufficiente, puoi aggiungere della bevanda di soia o acqua. Aggiungi anche l'olio e mescola.
In un'altra ciotola setaccia gli ingredienti secchi rimasti: le farine di riso e grano saraceno, lo zucchero e il lievito. Mescola con una frusta per evitare i grumi. Versa la farina di ceci nella ciotola con il succo d'arancia e mescola, aggiungi anche il resto degli ingredienti secchi e impasta bene.
Stendi l'impasto su un foglio di carta da forno aiutandoti con le mani: potrebbe essere un po' fragile. Forma un rettangolo, taglialo in quadrotti e inforna i biscotti senza separarli a 180 °C per 10 minuti. Lasciali raffreddare completamente prima di separarli. Sciogli a bagnomaria il cioccolato, aggiungi la bevanda di soia ben calda e mescola tutto fino a formare una crema densa. Sbriciola nella crema al cioccolato i biscotti e mescola. Versa il composto su un foglio di carta da forno e dagli la forma di un salame. Puoi anche dividere l'impasto e realizzare due salami. Lascialo in frigorifero per almeno 12 ore; poi cospargi la superficie con cacao e taglialo a fette.

MEAL PREP

Puoi conservare il salame al cioccolato in freezer: taglialo a fettine e dividile tra loro con un pezzetto di carta da forno. Una volta tolte dal freezer aspetta qualche minuto prima di servirle, così da farle tornare morbide e gustose. Se lo tieni in freezer già porzionato puoi tirarlo fuori quando hai voglia di un dolcetto sfizioso, perfetto per esempio per accompagnare il caffè!

CONSIGLI

I biscotti sono buoni anche da soli: provali glassandone metà con il cioccolato fondente.

Ingredienti per 12 crostatine

frutta fresca a scelta

Per la base

100 ml di bevanda di soia
250 g di farina tipo 2
1 cucchiaino di lievito per dolci
30 g di zucchero
la buccia di 1/2 limone bio
60 g di olio di semi

Per la crema

500 ml di bevanda di soia
50 g di farina
50 g di zucchero
la buccia di 1/2 limone bio
1 pizzico di estratto di vaniglia
1 pizzico di curcuma

Bellissime e colorate, le crostatine di frutta sono uno dei dolci della nostra infanzia: appena arrivava l'estate, nelle occasioni più belle, preparavamo una crostata di frutta da riempire con le prime fragole, i mirtilli, le pesche e le foglioline di menta. La crema al limone senza uova è delicata e aromatica e la pasta frolla è leggera e fragrante.

CROSTATINE
alla crema di limone e frutta

Nel frullatore metti tutti gli ingredienti per la pasta frolla: la farina, l'olio, il lievito, la buccia di limone grattugiata, lo zucchero e la bevanda di soia. Avvialo per pochi secondi, fino a formare una palla di impasto o delle grosse briciole (in alternativa puoi mescolare tutto in una ciotola).
Versa l'impasto su un piano di lavoro e finisci di impastare a mano, ma senza lavorare eccessivamente il panetto.
Stendi in uno strato sottile con il matterello e ricava dei dischetti di circa 10 cm di diametro con un coppapasta. Adagia i dischetti in uno stampo da muffin e infornali a 180 °C per circa 7-10 minuti. A fine cottura dovranno essere dorati in superficie. Una volta cotti toglili dallo stampo e lasciali raffreddare.
Per preparare la crema metti a scaldare la bevanda di soia in un pentolino. In un'altra pentola mescola farina, zucchero, buccia di limone e vaniglia. Aggiungi poco alla volta la bevanda di soia calda e continua a mescolare con una frusta. Rimetti sul fuoco e fai arrivare a bollore. Dal bollore lascia cuocere per 4-5 minuti.
Versa la crema in una ciotola, aggiungi la curcuma e lasciala raffreddare completamente.
Prepara le crostatine riempendole con un cucchiaino di crema e con la frutta fresca che preferisci.
Decorale con una fogliolina di menta e servile fredde!

CONSIGLI

Per evitare che la crema faccia grumi metti pochissima bevanda di soia alla volta e mescola fino al completo assorbimento prima di aggiungerne altra.

Nessuno direbbe mai che questi bellissimi e soffici brownies sono preparati con i fagioli, eppure sono proprio questi legumi a renderli così morbidi.

BROWNIES SOFFICI
ai lamponi e cioccolato

Ingredienti per 16 brownies

350 g di fagioli rossi cotti
150 g di lamponi
150 g di farina tipo 2
80 g di gocce di cioccolato fondente
30 g di cacao amaro
90 g di zucchero di canna
200 ml di bevanda di soia
2 cucchiaini di semi di lino tritati
1 bustina di lievito per dolci
zucchero a velo (facoltativo)

Nel boccale del frullatore a immersione versa metà della bevanda di soia e i fagioli e frulla fino a ottenere un composto omogeneo.
Trasferisci in una ciotola e aggiungi le gocce di cioccolato, il cacao amaro, lo zucchero a velo, i semi di lino tritati, la restante bevanda di soia, il lievito e la farina.
Mescola fino a ottenere un composto omogeneo e trasferisci in una teglia da 22×22 cm, foderata di carta da forno. Distribuisci sull'impasto una manciata di lamponi, premendo affinché affondino, e cuoci a 180 °C in forno ventilato per 25-30 minuti.
Servi decorando con lamponi freschi o con una spolverata di zucchero a velo.

CONSIGLI

Se i lamponi non sono di stagione puoi usare quelli surgelati.

Puoi sostituire il legume con: fagioli neri.

Ingredienti per 15 biscotti

80 g di farina di ceci
190 g di farina tipo 2
2 cucchiaini rasi di lievito per dolci
40 g di zucchero
150 ml di bevanda di soia
50 gocce di cioccolato
la buccia di 1 arancia bio
50 g di olio di semi

Questa ricetta prevede un ingrediente speciale, che di solito non viene usato nei dolci: la farina di ceci! Ma abbi fede, questi cookies sono a dir poco strepitosi. Provare per credere.

COOKIES
al cioccolato e arancia

In una padella versa la farina di ceci e metti sul fuoco a fiamma abbastanza alta, mescolando di tanto in tanto. Puoi tostare la farina di ceci anche in forno, distribuendola omogeneamente su una teglia foderata di carta da forno e infornando a 180 °C per circa 5 minuti.
Prima di procedere con la ricetta lascia raffreddare la farina di ceci tostata, altrimenti il calore della farina potrebbe sciogliere le gocce di cioccolato, modificando il risultato desiderato (nei cookies non si vedrebbero le caratteristiche "macchie" di cioccolato, ma i biscotti sarebbero di un omogeneo color marroncino).
In una ciotola versa la farina tipo 2, la farina di ceci tostata, l'olio di semi, lo zucchero, le gocce di cioccolato, la buccia di arancia grattugiata, il lievito per dolci e la bevanda di soia. Mescola fino a ottenere un composto omogeneo. Con un cucchiaio ricava tante piccole palline e disponile su una teglia foderata di carta da forno. Schiaccia leggermente ogni biscotto e inforna a 180 °C in forno ventilato per circa 10 minuti.

CONSIGLI

- Al posto della bevanda di soia puoi usare il succo dell'arancia.
- Conserva i biscotti in un barattolo di latta o in un sacchetto di carta.

Indice

RICETTE

Ringraziamenti

Arriviamo ai ringraziamenti, il nostro momento preferito, quello in cui ripercorriamo tutte le tappe della stesura di questo libro, dalla progettazione alla creazione delle ricette.

Ancora una volta, è stato un viaggio bellissimo nel quale ci hanno supportato i nostri compagni, la nostra famiglia e tutti gli amici che non vedono l'ora di vedere il frutto del nostro lavoro.

Un grazie speciale ai nostri follower, una seconda famiglia, senza la quale tutto ciò non sarebbe mai stato possibile.

Grazie alla nostra casa editrice per la fiducia rinnovata, i consigli e gli incoraggiamenti.
A Claudia, Armando e Paola per aver creduto ancora una volta in noi e nel nostro progetto.